93세 철학교수 할아버지가 손주들에게 들려주는
삶의 교훈이 되는 자전적 편지 모음

험한 시절을 살아보니 모든 순간이 은혜였다

김은용 지음

일파소

나는 가난을 자랑하지 않았지만,
숨기거나 부끄러워하지 않았다.

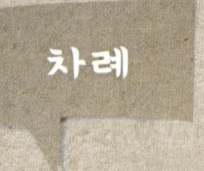

차례

들어가면서
008 우리 사위의 격려

감동적 이야기
014 하나님의 내리몰으심
020 한 엄마의 손가락
024 배려하고 준비된 마음에 기적이
031 짐 Jim 아, 나 예수가 왔다
037 말씀이 있는 곳에 기적이
044 우리 영혼과 몸
049 하나님의 사랑

번드리에서의 유년 시절

056 　자상하고 무서운 나의 어머니
060 　앞만 보고 달려온 할아버지
065 　바보가 되는 믿음
069 　예수 잘 믿어라
072 　우리 아버지의 회초리
077 　감사하며 살자
080 　순하고 착하게 컸다

학창 시절과 6·25 전쟁

090 　너 중학교 가고 싶니?
105 　하얀 거짓말
110 　가족 이야기에는 적이 없다
115 　네가 살아 왔구나!
120 　먼저 간 전우들에게
127 　이런 참혹한 비극이
131 　왜 순찬이가 내가 아니라 순영이와 짝이 됐는지?
139 　대구에서의 고학 시절
153 　우리 사위와 고향 번드리 여행

나의 삶과 일터

- 164 우리 흙담집
- 167 주 예수 그리스도
- 171 진심의 나
- 174 내가 만든 소나무십자가를 지고
- 182 목사가 거짓말을 해?
- 187 주님, 감사합니다
- 194 우리 아버지와 나, 나와 우리 아들
- 200 우리가 변해야겠다
- 205 할아버지야 잘못했다고
- 210 감사할 때 눈물이
- 214 할머니 눈물이 많아질 텐데
- 220 할머니는 할아버지 걱정, 할아버지는 할머니 걱정
- 225 나는 심겠다, 나는 뿌리겠다
- 230 어머니, 죄송합니다
- 237 하나님 마음대로 하세요

은퇴 이후
보람된 삶, 비전, 나의 생각

242 하나님이 주신 보너스 인생
261 젖과 꿀이 흐르는 땅
276 현실적 계기 Actual Entity 의 생김새

편집 후기

300 '할아버지 편지'를 책으로 엮으며

우리 사위의 격려

내가 80대에 들어서자, 우리가 믿음으로 살아온 이야기를 손자 손녀들에게 해주고 싶었다.

내 이야기만으로 단순하고 한계가 있을 것 같아 다른 곳에서 인용한 감동적인 이야기와 대비해서 글을 써서, 우리 손자 손녀들에게 인터넷 메시지로 올렸다. 이 글들이 사위들에게까지 번졌나 보다. 한번은, 우리 사위 하나가 나에게 격려의 이메일을 보냈다.

진하고 감동적인 글을 저에게도 읽을 수 있도록
하나님께서 은혜를 베풀어 주셨습니다.

오늘도 왔나 궁금해서 매일 아침 메일을 열어 보는 것이
저의 또 다른 일상이 되어 버렸습니다.

그리고 아내도 글을 읽으며 '아~ 우리 아버지가 이런 분이었구나!'
하면서 자신의 아버지를 새삼 느끼고 경험하는 것 같습니다.

소중한 글들을 모두 파일에 저장해 놓고 있습니다.
언젠가 책으로 묶어 후손들에게 물려줄 생각입니다.

가끔씩 애교처럼?
맞춤법, 띄어쓰기 틀린 것도 발견되고, 오타도 발견되는데…

이런 것만 교정하고,
나머지 글은 손대지 않고 저장해 놓고 있습니다.

그리고 장인어른과 제가 함께 신앙생활을 해본 적도 없지만,
한 줄 한 줄 글을 읽으면서 가슴 속에 공감이 가고 동일한 은혜가
몰려오는 것을 보면서, 확실히 하나님은 한 분이시고,
살아계시는구나 하는 것을 느꼈습니다.

모두 듣고 싶습니다.
자서전 같은 살아온 얘기도, 하나님께서 순간순간 개입하셨던
간증도, 일생 연구하셨던 화이트헤드 이야기도,
마음속에 간직해왔던 장인어른의 꿈과 이상들도…

이런 소중한 글들이 계속 이어지기를 기대합니다.
이를 위해서라도 건강하게 오래 사셔야 됩니다.

2008년 3월 이일 사위드림.

* * *

 우리 사위가 4-5년 전부터 그동안 모인 글을 출판해서 가족, 친지들과 나누어 보겠다고 한다. 그래서 출판 기금도 가족들이 모금하기로 했다고 한다. 그리고 나에게 숙제를 주었다.

"글의 내용을 조금 수정 보완해서 출판하려고 해요."

 우리 아이들에게 보낸 글을 다시 읽어 보니, 수정 보완할 곳이 너무 많아 생각보다 시간이 걸렸다. 이따금 물어본다.

"숙제 어떻게 됐어요?"

다음 주, 다음 주… 그렇게 미룬 것이 몇 달이 지났는지 모른다.

지난 어린이날에는 우리 사위가 바쁜데도 직접 대전에 내려왔다. 전체 내용 정리를 위해서 멘토링을 해주었다.

전체 내용 구성을 위해서 보완할 항목들과 내용 구성에 대해서 조언도 해주고, 여기에 더해서 내 '마음'까지 읽어 주었다.

보다 더 실감나게 나를 이해하기 위하여, 서울에서 서너 시간 걸리는 내 고향, 김제시 죽산면 대창리^{변드리} 마을를 가자고 한다. 나도 내가 살던 고향을 보여주고, 내가 뛰놀고 즐기던 그 넓은 평야, 지금은 새만금 둑이 생겨 바닷물이 들어오지 못하지만, 내가 게를 잡던 갯벌도 보여주고 싶다.

특별히 우리 사위가 우리 고향 교회를 보고, 어떤 '공감'과 '실감'을 할 지 궁금하다. p.153 참조

감동적 이야기

하나님의 내리몰으심
한 엄마의 손가락
배려하고 준비된 마음에 기적이
짐^{Jim}아, 나 예수가 왔다
말씀이 있는 곳에 기적이
우리 영혼과 몸
하나님의 사랑

하나님의 내리몰으심

아침, 아이들이 학교 가는 시간에, 죽어도 걷지 않겠다고 버둥거리는 어린 학생을 회초리로 때려가며 걸으라고 소리치는 한 엄마가 주변 사람들의 마음을 안쓰럽게 만들었다. 마침내, 한마디씩 했다.

"아니, 애기 엄마, 애가 다리가 많이 아픈 모양인데…"
"차라리 업고 가던가 하지 그게 뭐야?"
"가엾게 억지로 걷게 하려고 야단이야?"
"그러게 말이야. 친엄마 맞아?"
"어린애한테 너무 독하다."

한마디씩 내뱉는 말을 들은 척도 않고 다시 아들한테 걸으라고 윽박지르던 그녀에게 저 역시^{이 글을 쓴 사람} 소리를 질렀습니다.

"제발 그만 좀 해요. 계모인지 친엄마인지 모르지만
이건 엄연히 아동학대라고요. 많은 사람들 앞에서 날마다,
이게 무슨 못할 짓이에요?"

그녀는 끝끝내 제 말에도 대꾸조차 않고 한 걸음 한 걸음…
기어이 아들을 걸려서 학교로 들여보냈습니다. 그렇게 힘들
게 아들을 들여보내고, 돌아 나오다가 저와 마주쳤습니다.

"미안해요, 동네 분들 마음 불편하게 해서…
하지만 우리 애… 그렇게라도 하지 않으면 영영 다시는
걸을 수 없게 돼요. 그 아이 누나처럼요."

뜻밖의 말에 순간 아득했습니다. 그 애와 그 애 누나는 몇 년 전부터 시름시름 같은 병을 앓고 있다고 했습니다. 아프다고 버둥거리는 딸애를 업어서 학교에 등교시켜야 했던 아이 엄마.

결국, 일 년도 지나지 않아 딸애는 아예 걸을 수 없게 되었다고 하네요. 의사의 조언대로 아들만은 그렇게 만들고 싶지 않아 날마다 전쟁을 치르고 있었던 겁니다.

그 말을 듣고 어찌나 부끄럽고 미안하던지… 속 모르는 동네 사람들에게야 독한 엄마로 불릴망정 자식의 다리가 더 이상 굳어가게 할 수 없다는 비장한 각오를 한 그녀는 내가 알고 있는 엄마 중에 가장 강한 엄마였습니다.

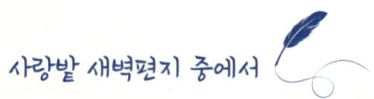

사랑밭 새벽편지 중에서

어린 아이 어머니처럼 하나님도 지독한 데가 있다. 개인이나 가정이나 나라의 장래를 위해선 하나님은 회초리로 내리몰아 가신다. 하나님은 아브라함을 가나안으로, 야곱 가문을 이집트로 내몰아 가셨다. 4백 년 후에는 이스라엘 백성을 이집트에서 가나안으로 내리 몰았다. 그러나 그들은 이집트 군대가 추격해 오는 것을 봤을 때 불평했다.

> 광야에 나가서 죽는 것보다 이집트 사람을 섬기는 것이 더 나으니… (출 14:12)

또 먹을 음식과 물이 없어, 모세에게 물을 달라고 대들었다.

> "왜 우리를 이집트에서 데려 왔느냐?" (출 17:3)

40년의 긴 광야 생활! 너무나도 큰 고통이었다. 신명기를 쓴 사람은 그 고통의 의미를 이렇게 회상했다. 그렇게 오랫동안 당신들을 광야에 머물게 하신 것은, 당신들을 단련시키고 시험하셔서 당신들이 하나님의 계명을 지키는지 안 지키는지, 당신들의 마음속을 알아보려는 것이었습니다.

> 이것은, 사람이 먹는 것으로만 사는 것이 아니라 야웨의 입에

서 나오는 모든 말씀으로 산다는 것을, 당신들에게 알려 주시려는 것이었습니다. (신명기 8:2-3)

할아버지도 하나님에게 내몰려 고향을 떠났다. 내가 살던 곳은 김제군 죽산면 대창리大倉里. 여기에서 살다가 15살 무렵에 전주로 내몰렸다. 고향을 떠난 내 모습을 사람들은 이렇게 말했다고 한다.

"소도 비빌 '언덕'이 있어야 일어난다."

그런데 나는 하나님께서 주신 언덕을 짚고 일어났다.

전주에서 중학교, 고등학교 다니다가, 6.25 전쟁 때 학도의용군으로 나라를 위하여 싸웠다. 그 후에, 하나님은 나를 대구로 내몰아서 그곳에서 대학을, 또 서울로 몰아서 그곳에서 신대원, 대학원… 미국에서 대학원.

이런 일들은 그냥 된 것이 아니다. 그 일들 하나하나에는 할아버지의 피나는 노력도 담겨 있다.

하나님은 나를 그렇게 단련시켜서 결국, 1962년 나를 대전대학한남대학교으로 내리몬 것이다. 여기에서 34년 동안 일을 마치고,

1996년에 은퇴해서도, 지금까지도 하나님께 내리몰려 살고 있다.

내가 현직에서 은퇴한 지 27년이 되었다. 그동안 어떤 사람도, 어떤 일도, 나에게 다가올 때 거절하지 않았다. 할머니는 나를 위하여 기도하실 때, 자주 '문제 해결자'로 기도하신다. 어떤 때는 너무 힘들어서 할머니에게

"그 기도 그만해요. 내가 감당하기엔 너무 힘들어."

그럼에도 불구하고, 지금 나는 '청소년 분노조절 능력 기르기' 프로그램을 준비 중이다.

한 엄마의 손가락
예수님의 마음을 더 잘 알게 됐다

결혼 전, 내가 간호사로 일할 때의 일이다.

아침에 출근해 보니 아직 진료가 시작되기에는 이른 시간에, 25살 남짓 되어 보이는 젊은 아가씨와 흰머리가 희끗희끗한 아주머니가 두 손을 꼭 마주잡고 병원 문 앞에 서 있었다.

문을 열고 들어가면서

"아주머니, 진료 시작되려면 좀 있어야 하는데요."
"선생님도 아직 안 오셨고요."

"……"
"……"

내 말에 모녀는 기다리겠다는 표정으로 말없이 마주 보았다.

업무 시작 준비를 하는 동안에도 모녀는 맞잡은 손을 놓지 않은 채 작은 소리로 얘기를 주고받기도 했다. 엄마가 딸의 손을 쓰다듬으면서 긴장된… 그러나 따뜻한 미소를 보내며 위로하고 있었다.

잠시 후 원장선생님이 오시고 나는 두 모녀를 진료실로 안내했다. 진료실로 들어온 아주머니는 원장님께 떨리는 목소리로 말했다.

"애, 얘가, 제 딸아이예요."
"예, 옛날에… 그러니까 초등학교 들어가기 전에, 외가에 놀러갔다가 농기구에 다쳐서 왼손 손가락을 모두 잘렸어요."
"다행히 네 손가락은 접합수술에 성공했지만. 근데, 네… 네 번째 손가락만은 그러질 못했네요."
"다음 달에, 우리 딸이 시집을 가게 됐어요. 사위가 그래도 괜찮다고 하지만, 어디 그런가요? 이 못난 어미 보잘것없이, 어린 마음에 상처 많이 줬지만. 그래도 결혼반지 끼울 손가락 주고 싶은 게 이 못난 어미 바람이에요."
"그래서 말인데… 늙고 못생긴 손이지만 제 손가락으로 접합수술이 가능한지요?"

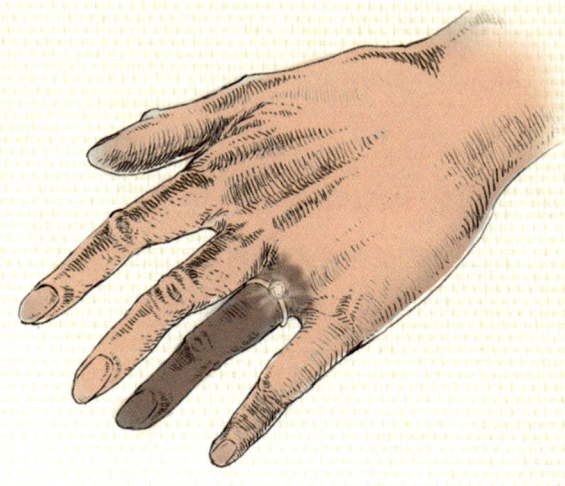

그 순간, 딸도 나도 그리고 원장선생님도 아무 말도 할 수가 없었다. 원장님은 흐르는 눈물을 닦을 생각도 못한 채,

"그럼요, 가능합니다. 예쁘게 수술할 수 있습니다."

그 말을 들은 두 모녀 그리고 나도 눈물을 흘릴 수밖에.

사랑밭 새벽편지 중에서

네 사람의 눈물! 이 글을 읽는 나도 눈물을… 우리가 공감共感하기에 눈물을 흘린다. 엄마의 손가락 하나를 붙이고 시집가는 딸, 딸을 위하여 손가락 하나를 잘라 준 어머니의 마음. 우리가 공감하고, 어머니의 손가락을 딸의 손에 붙일 수 있는 의학 기술, 감탄感歎한다. 예수님은 그의 몸 일부를 잘라서 주시지 않았다. 온 몸과 피를 십자가에서 주셨다.

그의 뜻은 십자가 마지막 '말씀'에 나타나 있다.

"나의 하나님, 나의 하나님, 어찌하여 나를 버리셨습니까?"

(마 27:46).

이 시문은 예수님이 고통에 못 견디어, 하나님을 원망하는 것처럼 보인다. 그러나 그런 것이 아니라 다윗의 시문(22편 1절)을 인용한 것이라 한다.

"나의 하나님, 나의 하나님, 어찌하여 나를 버리셨습니까?"

(시 22:1)

이런 다윗의 시문은 그 자신의 고통을 노래한 것은 물론, 사람의 모든 죄의 고통을 대변代辯한 것이다. 다시 말하여 예수님의 '십자가 시문'은 우리 모두의 고통에 동참하시는 시문이다.

✱ 배려하고 준비된 마음에 기적이

　　2차 세계대전이 끝나고 몇 년 되지 않아, 뉴욕 전철 안에서 일어난 '기적'이다.

　　한 사진사가 전철 안에 들어가서 빈자리가 있어 앉았다. 옆에 앉은 30대 후반 남자가 눈에 띄었다. 그 남자가 잠시 얼굴을 들었을 때 사진사는 자세히 보았다.

　　'눈에 깊은 슬픔이 배어 있어!'

　　왠지 그에게 마음이 끌렸다. 또 그에게 더욱 마음이 간 것은 그가 모국어인 헝가리어 신문을 읽고 있었기 때문이다. 이 사진사는 얼굴을 들이대고, 헝가리어로 물었다.

　　"신문 좀 같이 봐도 괜찮겠습니까?"

이 남자는 자기 나라 헝가리 말로 묻자, 놀랍고 반가워하며,

"먼저 보세요. 저는 나중에 봐도 됩니다."

이렇게 시작된 대화는 기적을 낳았다. 이 남자의 이름은 베리 파스킨! 그는 2차 세계대전이 일어날 당시, 법과대학 학생이었다. 전쟁 중에 독일군에 끌려가 우크라이나에서 강제 노동을 하다가 러시아군의 포로가 되었고, 전쟁이 끝난 후에 헝가리 고향 데브레첸Debrecen에 돌아왔다.

전쟁 전에 부모님과 가족들이 살았던 곳을 찾아가서 봤으나 아무도 없었다. 아내와 함께 살았던 다른 아파트 2층으로 올라갔다. 생전 모르는 사람이 살고 있었다. 깊은 슬픔에 잠겨 아파트를 떠나려 할 때, 한 소년이 다가와서 그를 불렀다.

"파스킨 아저씨…"

그 소년의 집으로 따라가서 가족의 소식을 들었다.

"자네 가족은 모두 죽었네."
"나치 독일군이 아우슈비츠로 끌고 갔으니까"

그는 너무나 마음이 아파서, 더 이상 헝가리에서 살 수 없어 미국으로 이민 왔다. 그가 온 지 3개월이 지난 어느 날, 전철을 탔다. 그의 이야기를 듣고 있던 사진기자는 그의 수첩을 꺼내 들고 물었다.

"선생님의 아내의 이름이 마리아입니까?"

파스킨은 놀란 표정으로
"그렇습니다만… 그걸 어떻게 아십니까?"

사진기자는 그를 데리고 다음 역에서 내려 공중전화 박스를 찾아갔다. 그는 마리아에게 전화를 걸어, 그녀의 남편 이름은 물론, 인상, 모습, 살았던 곳을 확인하고 그에게 이렇게 말했다.

"이제 선생님께 기적이 일어날 것입니다."
"자, 이 전화로 당신 부인과 통화해 보십시오."

그는 수화기를 들고 아내의 목소리를 듣더니 울음을 터뜨리고 말았다.

"나 벨리야! 벨리라고!"

더 이상 다른 말을 잇지 못했다. 그 사진기자는 택시를 불러 파스킨을 그의 아내가 있는 곳으로 보냈다.

벨리의 기적은 그의 배려에서 시작한다. 그가 신문을 읽고 있을 때, 처음 만난 낯선 사람에게 먼저 신문을 읽으라고 양보하였다. 그러한 몸에 밴 배려가 한 기적으로 이끌었다.

우리는 이스라엘의 조상 아브라함의 아들 '이삭'을 알고 있다. 이삭은 두 쌍둥이 형제^{이삭과 야곱}를 두었다. 문제는 동생이 아버지를 속이고 형의 축복을 가로챈 것이다. 그 결과, 그들은 원수지간^{怨讐之間}이 됐다.

동생은 가나안 북쪽 하란 외삼촌 집으로 피신해서 그곳에서 가족을 이루고 가축업으로 큰 부를 이루었다.
형도 가나안 남쪽 에돔 세일 땅에서 자리 잡고 가족을 이루고 가축업으로 부^富도 이루었다.
동생 야곱이 약속의 땅 가나안으로 가서 형과 화해를 하고 싶었다. 그래서 그는 화해의 사신들을 형 야곱에게 보냈다.
그들이 돌아와 하는 말이,

"주인 어른의 형님^{에서}께서 지금 부하 400명을 거느리고,
주인 어른^{야곱}을 치려고 이리로 오고 있습니다." (창 32:6)

야곱은 너무나 두렵고 걱정이 되어 방어 대열을 세웠지만, 그럴

필요가 없게 되었다. 야곱이 고개를 들어 보니, 실제로, 형이 장정 400명을 거느리고 다가오고 있었다. 야곱은 맨 앞으로 나가서 형에게로 가까이 가면서 일곱 번이나 땅에 엎드려 절을 하였다.

그러자 에서가 달려와서 두 팔을 벌려 야곱의 목을 끌어안고서 입을 맞추고, 둘은 함께 울었다.

그리고 동생은,

"형님께서 저를 이렇게 너그럽게 맞아 주시니,
형님의 얼굴을 뵙는 것이 하나님의 얼굴을 뵙는 듯합니다."

(창 33:10)

형과 동생이 서로 싸우기 직전에 감격의 뜨거운 '화해'和解가 이루어진 것이다. 이것이 기적이 아니고 무엇인가?

이 기적은 그냥 일어난 것이 아니다. 그 전날 밤에 야곱은 식구들과 자기의 모든 소유물을 먼저 얍복 개울을 건너보내고, 뒤에 홀로 남았다.

이때, 어떤 천사가 나타났다. 야곱이 천사를 붙잡고 동이 틀 때까지 '씨름'을 하였다. 그 천사가 날이 새려고 하니 놓아 달라고 하였지만, 야곱은 자기에게 축복해 주지 않으면 보내지 않겠다고 떼를 썼다.

그가 야곱에게 물었다.
"너의 이름이 무엇이냐?"
야곱이 대답하였다.
"야곱입니다."
그 천사가 말하였다.
"네가 하나님과도 겨루어 이겼고, 사람과도 겨루어
이겼으니, 이제 네 이름은 야곱이 아니라 이스라엘이다."
(창 32:22-28)

형 이삭의 장자권을 사기詐欺 친 동생 야곱이 형과 극적인 화해의 기적을 이룬 것은 그가 '하나님의 얼굴'을 보고 마음의 준비가 되어 있었기 때문이다.

하나님은 '준비'된 사람에게 '기적'을 주신다고 하셨다. 야곱 자신도 준비된 자신을 감탄한다.

"내가 하나님의 얼굴을 직접 뵙고도, 목숨이 이렇게 붙어 있구나!" (창 32:22-30).

짐Jim아, 나 예수가 왔다

영국 남부의 한 작은 마을 성공회교회에서 일어난 일입니다.

목사관에서 목사님이 바깥을 무심코 내다보다가, 거친 인상을 한 노동자가 교회 안으로 들어가는 것을 보았습니다.

다음 날 같은 시간 12시 30분, 또 다음 날도 똑같은 시간에, 그가 교회로 들어가는 것을 보게 되었습니다.

하루는 호기심이 발동하여 목사님은 그 사람을 계속 바라보았습니다. 그 노동자는 교회 안으로 들어오더니 모자를 벗어 상의 주머니에 넣고 중앙 통로를 통해 걸어 나와서 성찬예식 테이블 앞에 서서… 고개를 숙인 채 양손을 마주 대고 성찬상을 바라보면서 낮은 목소리로

"예수님, 짐이 왔습니다."

며칠 후 그 마을, 한 일터에 큰 사고가 생겨, 짐은 부상을 입고 한 병원의 남자병동에 입원하게 되었습니다.

당시 그곳은 아주 거친 남자들로 가득 차 있어서 추잡스럽고 거칠었기 때문에, 그들을 돌보는 간호사들 중에 어떤 이는 마음 아파하고 눈물을 흘렸습니다.

그러나 짐이 이 병동에 온 후, 눈에 띄는 변화가 일어났습니다. 간호사와 수녀들이 행복해 있었습니다. 한 수녀는 환자에게 물었습니다.

"다들 이렇게 변하게 된 원인이 무엇인가요?"

그는 이렇게 대답했습니다.

"짐 때문입니다."

그 수녀는 짐에게 물었습니다.

"짐, 당신이 이 병실 분위기를 변화시켜 놓았군요. 제게 그 비밀을 말씀해 주시겠습니까?"

짐은 감동하여 눈물을 글썽이며 말했습니다.

"수녀님…
매일 12:30분 점심시간에 예수님이 제 병상 끝에 와 계신 것을 봅니다. 그분은 1분간 그곳에 서 계십니다. 제 침대 난간에 두 손을 얹으시고 이렇게 말씀하십니다."

"짐아, 나 예수가 왔다."

지금까지 우리는 아파트 세 곳에 살았었고, 현재 아파트에서는 18년을 살고 있다. 내가 마음에 들어 이곳으로 이사했다.

　22층이어서 양지 바르고 앞의 전망이 좋다. 좌편에는 400-500m 소나무 산이 있어 공기가 시내보다 2-3도 낮다고 한다. 요즈음은 아파트 바로 뒤로 작은 공원이 생겨 매일 아침 일찍 운동하러 나간다.

　아파트 삶이, 어떤 사람은 닭장 신세身世라 한다.

　'우리의 삶이 닭장같다?'

　'따분한 생각이 든다?…'

　그런 부정적인 생각보다 긍정적으로 생각하고 싶다.

　우리가 대전 법동 대림 아파트 단지 45평에서 산 적이 있다. 그 아파트 단지가 1,000세대라 했다.

　세대수가 많아서 그랬는지… 어떤 업무로 관리 사무소에 가면 관리소장이 관료적이고 고자세였으며, 관리소 운영에 늘 말썽이 있었고, 특별히 관리운영위원을 선출할 때는 심했다.

　시골 한 동네 좁은 공간에 옹기종기 모여 살 때에는 공동체共同體 의식이 있어서 좋은 점이 많았는데… 특별히 의사소통communication에 있어서.

　우리가 2004년 봄에 지금의 아파트에 이사했다. 그때만 해도,

우리가 입주한 우리 105동은 거의 비어 있었다.

우연히 우리 아파트 1단지 500세대를 위하여 일하게 되었다.
  • 선거관리 위원장을 맡아 관리 위원회를 구성시켰고,
  • 노인회 회장을 맡아 노인회도 잘 구성해 놓았다.
세대 수가 적어서 그런지 지금까지 잘 지내고 있다.

내가 노인회 회장일 때, 관리 사무소 직원들을 노인 회관에 자주 초청하여 음식을 나누고, 관리 위원회 의장과 관리소 소장과 우리가 1년에 한 번 시내에 나가서, 음식을 나누면서 이야기를 했다.
지금은 코로나19로 인하여 그 좋은 일이 중단된 상태다. 그럼에도 불구하고 좋은 분위기는 이어지고 있다. 전체 아파트 분위기도 좋다. 특별히 관리아저씨와 주민들 사이도 좋고.
내가 기회 있을 때마다 다음과 같은 말로 자찬한다.

"지금까지 내가 아파트 4곳에서 살았는데,
그 중에 지금 사는 우리 아파트 분위기가 제일 좋다."

우리 노인회 회원 중에 S선생이 있다. 천주교 재단 학교 사회과 선생으로 일하시다가 은퇴하셨다. 한번은 그 선생 집에 가게 되었는데, 마침 아들이 와 있었다. 당시 큰 건설회사의 간부였고, 지금

은 그 회사 사장을 맡고 있다. 그분이 나를 아들에게 소개하기를,

"이분이 작은 예수님이시다."

당연히 나는 예수님이 아니다. 다만, 바울 사도가 빌립보 교회에 부탁하신 다음의 말씀대로 살려고 애를 쓰는 정도이다.

이 마음을 품으십시오. 그것은 곧
그리스도 예수의 마음이기도 합니다. (빌 2:5).

여기에서 '예수님의 마음'이란 다른 사람의 일을 돌보아주는 것이다.

말씀이 있는 곳에 기적이

2차 세계대전 때

　독일의 어떤 학교에 사이좋은 두 친구가 있었다. 하나는 유대인이었고, 다른 하나는 독일인이었다.
　유대 친구는 공부하다말고 언제나 알아들을 수 없는 이상한 시 같은 문구를 소리 높여 외치곤 했다.

　"주님은 나의 목자……"

　시편 23편을 히브리어로 암송했던 것이다.
　독일인 친구도 그 시편의 음률이 좋아서 어느새 익히게 되었고, 둘은 틈틈이 소리 높여 함께 암송하곤 했다.

　어느 날, 유대인 친구는 나치 비밀경찰에 붙잡혀 죽음의 가

스실로 끌려가게 되었다. 독일인 친구는 자전거를 타고 친구가 탄 트럭을 뒤쫓아 갔지만, 따라잡을 수는 없었다. 유대인 친구는 그 친구에게 트럭 뒤로 얼굴을 내밀고 시편 23편을 소리 높여 외웠다. 이것이 두 친구의 마지막 작별이었다.

결국, 독일인 친구도 징병 당해 러시아 침공에 참전하게 됐다. 그는 전투 중에 연합군에게 포로로 잡혀 총살당하게 되었다. 동료들이 하나 둘씩 쓰러지고, 마침내 그 독일인 친구의 차례…

유대인 친구가 떠올랐다. 트럭 뒤로 얼굴을 내밀고 소리 높여 외친 시편 23편! 자신에게 총을 겨눈 군인에게 허락을 받고, 유대인 친구와 함께 외웠던 시편을 히브리어로 조용히, 외우기 시작했습니다.

"주님은 나의 목자시니, 나는 아쉬울 것 없어라."

(시편 23:1)

그러자, 하나님이 그를 감싸고 알 수 없는 '힘'과 '용기'가 솟아, 자신을 겨눈 총구 앞에서 자기도 모르게 목소리가 높아지기 시작했다.

바로 그때에, 연합군의 한 러시아 장교가 자리를 박차고 일어나서 함께 목소리를 높여 합창했다. 그는 유대인 출신 러시아 장교였다.

나를 푸른 풀밭에 누이시며 쉴 만한 물가로 인도하신다. 나에게 다시 새 힘을 주시고, 당신의 이름을 위하여 바른 길로 나를 인도하신다. 내가 비록 죽음의 그늘 골짜기로 다닐지라도, 주님께서 나와 함께 계시고, 주님의 막대기와 지팡이로 나를 보살펴 주시니, 내게는 두려움이 없습니다. 주님께서는, 내 원수들이 보는 앞에서 내게 잔칫상을 차려 주시고, 내 머리에 기름 부으시어 나를 귀한 손님으로 맞아 주시니, 내 잔이 넘칩니다. 진실로 주님의 선하심과 인자하심이 내가 사는 날 동안 나를 따르리니, 나는 주님의 집으로 돌아가 영원히 그 곳에서 살겠습니다. (시 23:2-5)

'사형 중지' 명령이 내려졌다. 그 유대인 장교는 독일군을 살리는 서류에 사인했다.

'무지개 원리'(차동엽 저) 중에서

다윗왕의 기적 이야기

위의 시문도 다윗왕의 기적 이야기이다. 다윗이 사울왕으로부터 죽음에로 몰려 도망 나와 불안하고 방황할 때 하나님을 목동牧童 '이미지'로 그렸다.

그는 목동 시절, 생명을 내어놓고 양을 보호했다.

사자나 곰이 양 무리에 들어와 한 마리라도 물어 가면,
곧바로 뒤쫓아 가서 쳐 죽이고, 그 입에서 양을 꺼내었다.
(삼상 17:34-35)

하나님을 목자 '이미지'로 받아들이는 다윗왕에게는 영원한 '비전'으로 이어진다.

진실로 주님의 선하심과 인자하심이 내가 사는 날 동안
나를 따르리니, 나는 주님의 집으로 돌아가 영원히 그 곳에서
살겠습니다. (시 23:6)

할아버지의 삶의 이야기도 기적

내가 어려서 교회 주일학교에 다닐 때 외워둔 성경 말씀

> 하나님께서 세상을 이처럼 사랑하셔서 외아들을 주셨으니,
> 이는 그를 믿는 사람마다 멸망하지 않고 영생을 얻게 하려는
> 것이다.
>
> (요 3:16)

나는 위의 말씀대로 예수님을 하나님의 아들로 믿고 그리고 믿는 마음으로 항상 살아왔고 앞으로도 그렇게 살 것이다.
그랬더니, 할아버지의 삶은 모두 '기적'으로 이어지고 있다.

위의 인용문에 있는 대로 "… 멸망하지 않고…"

위의 멸망滅亡의 본 뜻은 "잃다", "상실하다" to be lost 이다. 그런 의미에서 할아버지의 삶의 기적 이야기는 상실함이 없이 이어지고 있다. 이런 기적 이야기들에 대하여 할머니는 하나님의 은혜라고 하신다.

"감사합니다."

그리고 또 할아버지에겐

"… 영생을 얻게 하려는 것…"도 있다.

이것을 나는 '비전'이라 한다. '비전'은 어디선가 내가 말한 대로 이 세상에서 하늘나라를 바라보는 '비전'이다.

우리의 영혼과 몸
얼굴을 맞대고

공사장 추락사고로 얼굴과 머리를 심하게 다쳐 의식을 완전히 잃은 한 젊은이가 병원에 실려 왔다. 서둘러 응급조치를 받았지만, 살 가망은 없었다.

중환자실에 누워있는 그의 심전도를 체크하면서, 담당 의사가 마음 아파했다. 심전도 곡선이 죽음을 의미하는 파형으로 가고 있었기 때문에. 이런 경우, 10분 이상 살아 있는 환자를 그가 본 적이 없다. 그는 중환자실을 나와 환자의 가족들에게 임종을 지키라고 일렀다.

다음 날 아침 담당 의사는 그가 궁금해서, 중환자실로 가 보았다.

'아니, 이런 일이!'

이미 빈 침대이거나 다른 환자가 누워 있으리라는 예상을

깨고, 아직도 그가 그 침대에 누워 있었다. 나약하지만 끊이지 않는 심전도 곡선은 그의 '영혼'이 아직 그의 몸을 떠나지 않고 버티고 있었다.

'어떻게? 이럴 수가!'

과학적으로나 의학적으로 납득할 수 없는 기적이었다.

그 젊은이가 이 세상을 쉽게 떠날 수 없는 어떤 이유라도 있는 것일까? 의문은 풀리지 않은 채, 하루가 가고 이틀이 지났다.
사흘째 되던 날 아침, 한 젊은 여인이 중환자실로 뛰어 들어왔다. 금방이라도 쓰러질 듯 창백한 얼굴의 여인!
이미 상황을 감지한 듯 눈물을 흘리며 그의 곁으로 다가갔다. 그리고 가만히 파리해진 그의 손을 잡고,

"나야! 종기 씨, 늦어서 미안해."

바로 그 순간 그의 심전도 파동이 춤추기를 멈추고, 한 줄기 직선으로 내려앉았다.

한 의사가 체험한 젊은이의 영혼의 기적, 삶의 마지막 순간에 '가면 돌아올 수 없는 경계'에서 몸은 죽어 있어도 영혼은 기다린다. 한번 가면 돌아올 수 없는 '경계!' 다양하게 표현된다.

    삶과 죽음,
    시간과 영원,
    세상과 하늘나라…

이렇게 양분된 두 세계가 어떤 신비한 대우주 안에 있음을 어느 누구도 부인할 수 없을 것이다.

사도 바울의 글에도 그런 두 세계가 있다.
'지금세상'과 '그때 하늘나라'

'지금'의 세계에서는 하나님을 거울에 비추어 보듯이 뚜렷하게 볼 수 없다.

바울, 당시 거울은 '철경'鐵鏡이어서 거울 자체가 희미했다. 오늘날 잘 보이는 '석경'石鏡으로 비춰도 마찬가지로 희미하다. 왜냐하면 비대면非對面에서 추상적으로 하나님을 보기 때문이다.

그러나 '그때' 하늘나라에서 하나님을 만나보게 된다면, 비로소 모든 것을 우리가 알 수 있게 될 것이다.

> 지금은 우리가 거울로 영상을 보듯이 희미하게 보지마는,
> 그때에는 얼굴과 얼굴을 마주하여 볼 것입니다.
> 지금은 내가 부분밖에 알지 못하지마는,
> 그때에는 하나님께서 나를 아신 것과 같이,
> 내가 온전히 알게 될 것입니다.
> (고전 13:12)

요즘 코로나로 인하여 학생들이 선생님과 비대면으로 수업한다. 이것이 지식 전달의 최선의 방법이라 하지만, 선생님과 학생들 사이에 몸으로 느끼는 정서情緖가 교류될까? 선생님도 학생들도 얼마나 답답할까?

여기에서 하나님의 마음을 헤아려 본다. 바울 사도는 영성은 물론, 몸으로도 하나님과 나눌 수 있는 '흐름'을 가지고 있었다.

> 믿음, 소망, 사랑, 이 세 가지는 항상 있을 것인데,
> 그 가운데서 으뜸은 사랑입니다. (고전 13:12)

하나님의 사랑

장애아를 둔 아빠가 있었다. 그 아이의 이름은 쉐이^{Shay}.
어느 날, 아빠가 쉐이와 함께 공원을 걸을 때, 야구하는 아이들을 보았다. 쉐이가 말했다.

"아빠! 저 아이들이 저도 야구에 끼워줄까요?"

아빠는 안 될 줄 알면서도, 한 아이에게 가서 쉐이도 함께 놀 수 있을까 물었다. 그 아이가 망설이며 친구들을 둘러보는데 다 조용히 있자, 무슨 결심을 한 듯 말했다.

"아저씨! 지금 8회인데 우리가 6점을 뒤지고 있지만,
9회부터는 쉐이를 저희 선수로 내보낼게요."

8회 말에 쉐이가 들어간 팀이 3점을 뽑아 3점 차이가 되었

다. 9회 초, 쉐이는 외야 수비수로 섰다. 비록 어떤 타구도 그에게 날아 가지 않았지만, 그는 외야에 서 있는 것만으로도 흥분해 함박웃음을 지었고, 아빠는 스탠드에서 열심히 응원했다. 9회 말에, 쉐이 팀이 다시 1점을 뽑았고 투아웃에 만루가 되었다. 역전 찬스였지만, 승리보다 약속을 중시한 아이들은 그냥 쉐이를 타석에 내보냈다.

쉐이가 타석에 서자 투수는 공을 부드럽게 던졌다. 쉐이가 헛스윙을 했다. 다시 투수는 몇 발 앞으로 나와, 천천히 공을 던졌다. 그 공을 쉐이가 툭 때렸다. 공이 투수 앞으로 굴러가자 투수는 공을 잡아 1루수가 아닌 우익수 옆으로 높이 던졌다. 모두 소리쳤다.

"쉐이! 1루로 뛰어!"

쉐이가 1루에 도착할 무렵, 모두 또 소리쳤다.

"쉐이! 2루까지 가!"

그때 우익수가 공을 3루수 쪽으로 높이 뿌리자, 공은 3루수

뒤로 굴러갔고 쉐이가 2루에 도착하자 상대 유격수가 말했다.

"쉐이! 3루로 달려!"

쉐이가 3루를 돌 때쯤 양 팀 아이들이 일어서서 소리쳤다.

"쉐이! 홈까지 달려!"

쉐이가 역전 만루 홈런을 친 셈이다. 아들이 영웅처럼 홈에 도착할 때 아빠는 감동하여 눈물을 흘렸다.

얼마 후, 장애인 학교의 기부금 모금 행사 때 쉐이의 아빠는 사람들에게 말할 수 있는 기회가 있었다.

"하나님의 모든 작품은 완벽했지만, 저의 아들 쉐이는 완벽하지 않습니다. 저는 아들의 장애를 볼 때마다 마음이 아파, 가끔 아들을 향한 하나님의 뜻이 무엇인지 묻습니다. 그 선한 뜻을 다른 사람이 내 아이를 사랑으로 기쁘게 받아줄 때 깨닫습니다."

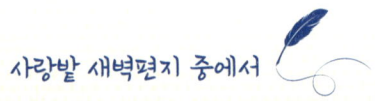

애들이 아들에게 수비수의 기회를 주고 공격수로 공을 치게 하고 1루와 2, 3루를 거쳐 홈까지 뛰게 하고, 양 팀 아이들이 모두 소리쳐 서로 응원하고 좋아하는 그 야구 현장에서, 쉐이의 아빠는 하나님의 '사랑'의 충만함을 느낀다.

내가 좋아하는 한 철학자는 이러한 상호 관계 안에서 사랑을 다음과 같이 말한다.

"이 세상 안에 사랑은 천국 안에서 사랑이 되고,
다시 이 세계로 흘러넘친다."

우리가 서로 사랑할 때만이 하나님의 나라의 사랑을 기대할 수 있다. 예수님께서도 다음과 같이 말씀하셨다.

"보아라, 하나님의 나라는 너희 가운데에 있다."
(눅 17:21)

그러므로 '하나님의 나라가 우리 가운데 있다'는 마음은 이 땅에서 우리의 상호 관계의 때를 의미한다.

다시 말해서 우리가 이 세상에서 서로 사랑할 때, 그 사랑은 천국으로 이행하고, 다시 하나님의 사랑은 이 세계로 넘쳐 흐른다.

번드리에서의 유년 시절

자상하고 무서운 나의 어머니
앞만 보고 달려온 할아버지
바보가 되는 믿음
예수 잘 믿어라
우리 아버지의 회초리
감사하며 살자
순하고 착하게 컸다

자상하고 무서운 나의 어머니

학교 가기 전, 내가 어릴 때 이야기들이 있다. 내가 자란 곳은 일제 때 간척사업으로 갯벌 땅을 막아 논으로 개발된 허허벌판이다. 산도 없고, 밭도 없고, 물도 흐르지 않는다. 자연의 정기精氣를 얻을 수 없는 곳이다.

다행히 교회가 있어, 한글 배우고, 성경 이야기를 즐기고, 동요 부르고, 특별히 성탄절엔 선물도 받고…

지금 내가 하는 이야기는 교회 활동 이전에 더 어렸을 때, 형들 따라 들판 세상을 뛰놀며 처음 즐긴 이야기들이다.

자상하신 우리 어머니

가을 벼가 익어갈 때, 형들을 따라 논두렁을 지나가면 메뚜기들이 우수수 논 안으로 날라가고… 바닷가에 가면 농게들, 갈게들이 나

와서 놀다가 우리가 쫓아 가면, 다들 제 구멍 찾아 들어가고… 너무 재미있었다!

형들을 따라 집에 오니 우리 어머니증조 할머니가 나를 잃어버렸다고 울고, 그 넓은 들판을 헤맸다고 했다.

우리 어머니가 돌아오셨다. 어린 나이였지만, 그때 우리 어머니의 모습을 생생하게 기억한다. 밭에서 채소거리를 뜯어와 다듬으시면서 마늘잎으로 풍선을 만들어 주었다. 그 마늘 풍선! 지금도 기억한다. 아마도 우리 어머니는 내가 돌아와 너무 좋아서 당신이 어린 아들에게 해줄 수 있는 것은 오직 마늘잎 풍선!

우리 어머니가 만들어 먼저 불어보고 나에게 주었다. 나중에 나도 마늘잎을 따서 풍선을 만들어 불었다.

무서운 우리 어머니

언제부터인가 어머니는 무서운 어머니로 변했다. 아마도 내가 커 가면서 야생 망아지처럼 온 들판을 돌아다니며 말썽을 부렸나보다. 바다의 둑과 들판 사이에 큰 개천이 있다. 그곳에는 갈대들이 무성하고 물이 늘 고여 있다. 친구들과 재미있게 고기를 잡다가 그만 넘어졌다. 바지와 저고리가 흙탕이 되어버렸다. 집에 가면 혼날까봐 그 솜바지 저고리를 물에 빨아서 그곳 둑 마른 잔디에 불을 놓고 말리다가 그만 윗저고리 소매 뒤쪽을 태우고 말았다.

 집에 들어가면 혼날까봐 이웃집에 어두워질 때까지 기다리고 있을 때, 우리 어머니가 어떻게 알고 찾아오셨다. 우리 어머니에게 끌려가 우리 집 방에 들어서자 코로 킁킁 냄새 맡으면서 타버린 소매를 보셨다. 그때, 내가 어떤 벌을 받았는지 기억은 없지만…

 우리 어머니는 사납고 무섭게 변하셨다. 아마도 우리 집 형편이 점점 어려워지자, 우리 어머니가 불안해서 그랬는지는 몰라도 우리 어머니는 성질을 부리셨고, 나는 우울憂鬱해 졌다.

 청소년기에는 한때 '말더듬이'도 생겼고, 어른들 앞에선 떨려서 하고 싶은 말을 속으로 연습해도, 생각한 말을 그대로 표현하지 못했다. 당시 우리 집이 가난해서 기(氣)가 죽어서 그랬었는지도 모르겠다. 그럼에도 불구하고, 내가 하고 싶은 일은 다 했다.

학교 가서 공부하는 일을 포기하지 않았고, 공부도 꽤 잘했고, 일본 '히라가나'ひらがな 글씨도 예쁘게 잘 써서, 이웃 정일선 형으로부터 칭찬도 받았다. 그림도 잘 그려서 교실 게시판에 오르기도 했다. 학교와 공부가 좋아 밥을 굶고도 학교에 갔고, 겨울에 신이 없어도 맨발로 학교에 갔다. 내가 해야 할 일은 어떤 어려움이 있어도 다 해냈다.

내가 현직에 있을 때, 동료 교수 중에 비판적인 L 교수가 있었다. 그는 내가 학생처장 일을 맡고 있을 때 나보고 한 말이 있다.

"우리 학생처장은 어떤 어려운 일도 우물쭈물 다 해낸다."

우리 집의 가난과 까다로운 우리 어머니의 성품이 나를 훈련시켜 나를 그렇게 만들었나 보다. 너희 할머니가 늘 하시는 말씀이 있다.

"당신 아버지의 믿음으로, 하나님이 축복하신 것이야."

앞만 보고 달려온 할아버지

한 선생님이 지난 어느 날 05년 4월, 점심시간이 끝나고 5교시 수업에 들어갔을 때였다.

날씨가 제법 쌀쌀한데도 아이들은 창문을 모두 열어 놓은 채 몸을 웅크리고 추위에 떨고 있었다.

"너희들은 안 추운 모양이구나? 난 추운데…"
"추워요…"
"그런데 왜 문을 안 닫지?"
"…"
"옳아, 환기시키려고 그러는구나?"

아이들은 아무 말도 없이 조용히 웃기만 했다. 그리고 여느 때처럼 수업이 진행되었다.

수업을 마치고 오다가 그 반 담임교사인 김 선생님을 만났다.

"김 선생님!
선생님 반은 추운데도 모두들 문을 열어 놓고 있던데요.
아이들이 젊어서 그런지…
안 추운가 봐요."

그런데 김 선생님 입에서는 뜻밖의 이야기가 나왔다.

"사실은 우리 반의 한 아이가
4교시 수업이 끝날 무렵에 실수를 했어요."

이야기인즉, 그 학급에는 특수 학급에서 온 아이가 한 명 있는데, 그 아이가 수업 시간에 그만 설사를 했다는 것이다. 옷을 버린 것은 물론이고, 교실 바닥까지 지저분해졌다. 거의 난리가 난 상황이라고 할 수 있는데…

두 학생이 자발적으로 나서더니 선생님을 제쳐놓고 오물을 치우고, 숙직실로 데리고 가서 목욕까지 시켜 자신들의 체육복으로 갈아입혔다고 한다.

그리고 그 아이의 속옷과 교복까지 빨아 주었다. 결국 그 학급의 아이들은 친구의 실수를 덮어 주기 위해 내게 한마디도 하지 않은 것이었다.

아이들의 조용한 웃음 속에는 비밀이 숨어 있었던 것이다. 중학교 1학년 학생의 정서로 본다면, 그런 일은 매우 흥미로운 사건이고, 짓궂은 아이들의 놀림거리가 됐을 텐데!

어른보다 나은 마흔 명의 아이들이 무척이나 사랑스러워 보였다.

이영미, 사랑밭 새벽편지 중에서

요즘 아이들은 어른스러운 데가 있다. 우리가 어릴 때와 비교하면, 요즘 아이들은 어른 생각을 한다.

한 시인은 '어린이는 어른의 아버지'라 했던가!
우리가 배울 점이 있다. 그들의 배려하는 마음! 요즘 선생님들의 가르침의 힘이다.

우리가 어릴 때, 우리 동네엔 '바지에 거시기 한^{똥 싼} 놈'이란 별명을 가진 친구가 더러 있었다. 나도 그 중에 하나였다.

옛날, 우리 시골에서는 8세에 곧바로 공립학교에 갈 수 없었다. 1-2년을 기다려야 했다. 그 기간에, 우리 마을 10km쯤 떨어진 곳에 있는 사립학교에 다녔다.

하루아침, 집에서 나와 학교에 가다가 '거시기'가 마려워 근처 '측간'에 들어갔다. 요즘 말로 화장실인데, 당시엔 큰 항아리 하나를 땅에 묻고 그 위에 판때기 2개를 고정해서 올려놓았다.
그 판때기 위에 올라섰는데, 내 핫바지 허리끈이 풀어지지 않아서, 당황하다가 그만 실수하고 말았다.

그럼에도 불구하고 학교로 갔다. 냄새가 날까봐 '대님'으로 발목

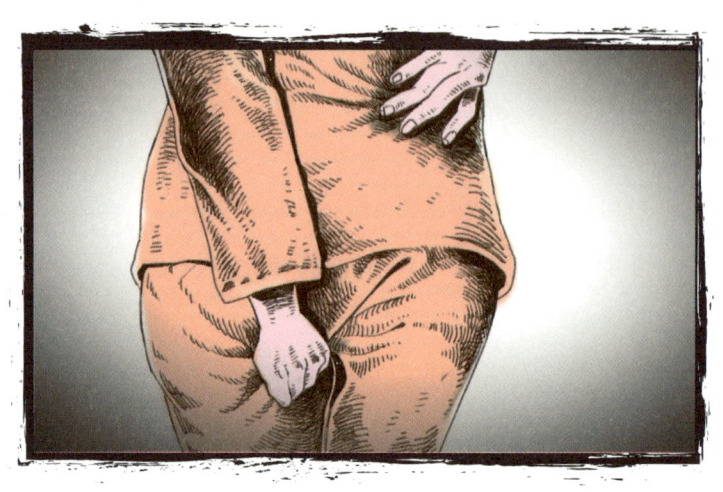

을 묶고, 허리끈으로 허리를 꼭꼭 매고 학교로 향했다.

옆에 친구 동천이가 어디서 거시기 냄새가 나는 것 같다고… 나는 시치미를 뚝 떼고 모른 척… 다행히, 바지에 '똥 싼 놈' 별명은 면하게 됐다. 여기에서 내 모습의 한 면을 본다. 앞만 보고 달려온 내 모습이다.

'바지에 똥을 쌌다고 집으로 돌아가지 않고, 그냥 내가 가야 할 학교로 갔다.'

나의 거의 모든 삶이 그렇게 된 것 같다.

바보가 되는 믿음
그 아버지에 그 아들

할아버지가 어릴 적에 어느 날, 해가 지고 시골 동네가 조용히 어두컴컴해질 때, 사람들은 수군거리고 우리 어머니는 무엇인가 알려고 이 사람 저 사람 찾아 무엇인가 물어보며 다니셨다. 좋지 않은 느낌이 들었다. 다음 날 소문이 났다.

'은용이 아버지가 주재소에서 황소 거시기로 매 맞고 왔다네.'

일제 강점기에 주재소^{파출소}에서는 준비된 황소 거시기를 물에 불려서 경범^{輕犯} 죄인에게 매질을 했다. 당시 내 느낌으로는 그 '매'를 맞는 것은 아주 부끄러운 일이었다.

'거시기 맞은 놈!'

알고 보니, 우리 아버지가 죄를 짓고 매 맞은 것은 아니었다. 이웃집 최씨를 위해서 대신 매를 맞아 주신 것이었다.

당시 우리 동네엔 농지 정리 사업이 한창이었다. 농로를 바둑판처럼 내서 농지를 1200평씩 잘랐다. 그리고 논과 논 사이에 농수로를 만들었다. 물이 높은 데서 낮은 데로 흐르는 곳엔 높은 논들을 위해서 물막이 콘크리트를 설치하고 두터운 판때기로 물을 막았다. 이웃집 최씨가 그 판때기 하나를 빼어다가, 자기 집 빨래판으로 쓴 것이다. 그것을 알게 된 수리조합은 고발했다.

주재소에서 최씨를 불렀다. 한 순사가 문초를 하니까, 물에 떠내려가는 것을 주워다가 빨래판으로 썼다고 변명을 했다. 그렇다면 증인을 대라고 하니까 우리 아버지를 댄 것이다.

사실, 우리 아버지는 그 사실을 본 일이 없다. 최씨가 허위 증인을 댄 것이다. 그런데 우리 아버지의 허위 증인 노릇이 서툴렀나 보다. 이것을 눈치챈 순사는 가짜증인이란 죄로 '매'로 '벌'한 셈이다. 그러나 동네에서는 안 좋은 소문이 났다.

'병신!'

그 당시 내가 몇 살이었는지 기억나지 않지만, 시골 동네에서 '병신'이란 아주 부끄러운 말이었다.

당시 우리 동네에는 1903년에 세워진 교회^{대창교회}가 있었다. 우리 아버지는 그 교회에서 아주 열정적이고 믿음이 좋은 집사, 새벽

예배에 종^鐘 치는 집사로 알려졌다. 집에 시계가 없으니까, 미리 나가서 교회 벽시계를 보고 시간 맞추어 종을 울리셨다.

    우리 아버지는 무학이셨다. 겨우 한글을 쓰고 성경을 읽을 정도이셨다. 그 동네 출신도 아니셨다. 그 동네에 정착한 지 5-6년 정도 지나서, 교회부흥회 기간에 회개하고 예수님을 믿게 된 것 같다. 나에게 교회 주일학교에 가라고 강요하면서도, 하나님이, 예수님이, 어떤 분이신지 말씀하신 적은 전혀 기억나지 않는다. 그냥 '믿음'으로 강요한 것 같다.

내가 교수가 되어 고향 동네에 갔더니, 사람들이 우리 아버지의 '믿음'으로 내가 그렇게 됐다고 했다. 그 '믿음'은 우리 아버지만의 믿음이다. 그리고 나만 알 수 있는 믿음이고 나만 해석할 수 있는 믿음이다. 다시 말해 '바보의 믿음'이다.

우리 마을에 나보다 두어 살 많은 H형이 있었다. 그 형이 나를 자기 종처럼 이것저것 시키고, 자기 마음에 안 들면 주먹으로 나를 때리고… 한번은 코피가 터져 피가 흐르도록 맞았다. 집에 와서 이야기도 못하고… 지금 생각하니 그게 '병신'이지!

그때 나는 어른들이 하는 말을 마음에 두고 있었다.

'때린 놈은 새우잠을 자도,
맞은 사람은 두 다리를 펴고 잔다.'

예수 잘 믿어라

선우와 향우가 초등학교 다닐 때 어느 추석날, 동환이 그리고 애기 영우는 엄마가 안고… 기차 타고, 버스도 타고 해서 할아버지 고향에 갔었다. 허름한 오두막 흙담집 앞에서 할아버지가 말했다.

"여기가 아빠가 살던 집이다"

그랬더니 향우 눈에 그 집이 너무 누추하게 보였나보다.

"어떻게 이런 데서 살았어?"
향우야! 기억나니?

바로 그 집에서, 해방 바로 1년 전, 일제 강점기에 내가 국민학교_{초등학교} 5학년일 때, 할아버지의 아버지_{증조 할아버지}가 돌아가셨다.

그날이 4월 29일, 일본 소화천황 생일날_{天長節} 예식이 있던 날,

예식을 마치고 교실 청소를 하고 있을 때, 이웃집 친구가 헐레벌떡 뛰어 왔다.

"너의 아버지 위급하시다."

거의 2년 동안 자리에 누워계셨던 증조 할아버지는 자주 심한 기침을 하셨고 간간이 피도 토하셨다. 그럼에도 불구하고, 한약방이나 병원에 갈 엄두도 내지 못했다.

80년 가까이 지난 요즘, 생각해보면 마음 아프다. 당시, 내 나이 열세 살이었는데, 아프신 아버지를 위해 어떻게라도 뭔가 해보려는 생각을 할 수도 있을 텐데! 근데, 아무것도 하지 않은 것! 내 자신이 부끄럽다. 지금 생각해보면, 내가 왜 그리도 멍청이었는지… 이해가 안 된다.

학교에서 집으로 10Km쯤 되는 길을 달려와 보니, 이웃집 할머니는 찬송 부르고, 우리 어머니는 옆에서 울고,…

나는 아버지 옆에 무릎을 꿇었다. 목에서 겨우 나오는 말씀으로,

"예수 잘 믿어라."

그리고 바로 숨을 거두셨다.

* * *

사람이 죽음을 참을 수 있을까? 기적이라 믿는다. 마지막 말씀을 나에게 남겨주시기 위해서 죽음을 참으셨다. 나는 이따금

"예수 잘 믿어라."

증조 할아버지의 말씀을 마음에 떠 올리곤 한다. 보통 말은 아니다. 세상과 하늘나라 경계에서 해주신 말씀으로 믿는다. 그곳이 얼마나 좋은 곳이기에 나에게 그 말씀 해주시려고 죽음도 참으시고 나를 기다리셨다. 거의 80년이 지나는 이 시점에서도 그 '말씀'의 선명도鮮明度는 변함이 없다.

우리 아버지의 회초리

할아버지는 갯벌 바닷가, 야산도 나무도 없는 허허 들판에서 유년기를 보냈다.

어떤 장난감이나 놀이기구도 만져보지 못했고, 오직 자연의 흙과 물에서만 놀았다. 그럼에도 불구하고 많은 추억이 남아 있다. 봄 여름엔 갯벌에 나가 '갈게', '농게' 잡고… 가을엔, 벼가 익어가는 논두렁 사잇길에서 땡게비(메뚜기)를 잡아 구워 먹고… 겨울엔, 눈 오면 들새(종달새)들이 먹이를 찾아 동네 근처로 모여 들었다. 먹이를 뿌리고 올가미를 쳐 놓고 기다리다가 새가 걸려서 푸덕거리면 뛰어가는 그때 그 재미!

지금도 신난다. 표치기, 돈치기…

그렇게 재미있게 놀다 보면 특별히, 주일 11시 대예배 종소리를 놓치는 경우가 있었다.

그날은 회초리로 맞는 날이다. 다른 잘못으로 맞은 기억은 없다. 처음엔 회초리로 맞다가, 도리깨로…

도리깨는 4개의 딱딱한 나무로 엮은 것이다. <small>도리깨는 본래 곡식 타작할 때 곡물을 털기 위하여 두들기는 농기구이다.</small> 한 번 맞으면, 4대 맞은 것과 같다.

한번은 내 두 다리를 묶어서 아랫목 하대에 매달았다. 동리 단짝 친구들이 이걸 알고 우~ 우~ 모여들었다. 지금도 생생하게 기억한다. 그때, 너무나 부끄러워 울음을 터뜨리고 말았다. 그 이후엔 맞은 기억은 없다.

어린 나를, 왜 증조 할아버지가 어른 예배로 몰아가셨는지? 지금, 증조 할아버지 마음을 더듬어 본다. 증조 할아버지 자신이 흰 두루마기로 정장을 하시고, 온 정성을 다해 하나님께 예배 드렸는데… 이런 교인들의 엄숙한 예배 분위기를 내 스스로에게 느끼도록 한 것일까? 사실, 지금도 내 마음엔 그 엄숙한 시골 예배 분위기가 참 좋았다. 지금도 그 느낌을 기억한다.

우리 아버지가 예수님을 어떻게 믿었는지 말해주지 않았다. 우리 어머니로부터 들은 이야기다. 증조 할아버지는 고창군, '송현리'란 곳에서 나셨다. 어머니가 일찍 돌아가셔서, 계모 밑에서 유년기를 보내셨다.

한번은, 계모가 홍시를 큰 항아리에 숨겨두었는데, 대나무 꼬챙이로 찍어서 꺼내먹고 죽도록 맞았다는 이야기. 어른이 되어서는 술 마시고, 담배 피우고, 방탕하다가… 집안 선산을 팔아 도망 나왔다. 정착한 곳이 바로 대창리^{번드리}! 할아버지의 고향이 됐다.

그 동네에 부자이신 최 장로^{MBC 최세훈 아나운서의 할아버지}가 있었는데, 그분의 주도로 1904년, 대창교회를 설립했다. 우리 아버지가 그 동네에 정착할 땐, 그 교회가 설립 20여 년이 지나서, 큰 교회가 되었고, 100호 정도의 주민 중 거의 2/3가 교회에 나왔다.

우리 아버지는 그 교회 설립자의 집에서 머슴살이로 시작했고,

또 하나님께서 우리 아버지를 교회로 내몰아내셨다. 어느 해, 겨울 부흥 집회에 우리 아버지가 회개하고 거듭나셔서, 믿음이 충만하셨다. 삶도 믿음으로 사신 것 같다.

최세훈

1961년말 최초 TV 방송이 시작되었지만, 1960년대에는 라디오가 인기가 있었고, 뉴스나 프로그램을 진행하는 아나운서 전성시대라고 할 수 있다. 대표적으로 강창선(강경화 장관 아버지), 장기범, 전영우, 임택근, 이광재, 박종세 등과 함께 KBS 1세대 아나운서 중 한 명이다. '재치문답', '라디오게임' 등 공개방송을 풍부한 재치와 유머로 잘 진행하여 대중들에게 큰 인기를 얻었고, 뉴스방송에서도 두각을 나타냈다.

'움직이는 시인'이라는 별명답게 여러 권의 시집을 냈고, 본인이 진행하는 공개방송과 '희망의 속삭임' 등의 방송원고를 직접 쓰기도 했다. 이후 임택근과 함께 MBC로 옮겨 MBC 간판이 되었고, 아나운서 실장 등 요직을 맡았다. 1984년 51세의 비교적 젊은 나이에 지병으로 세상을 떴다.

아버지가 집에 계실 때, 자기 전에 석유 등잔 밑에서 아버지와 성경 읽고 같이 찬송 부르고 기도하고… 우리 아버지가 늘 부르신 찬송이 통합 390장이다. 곡이 없는 찬송가. 나도 교회에서 배운 떠듬떠듬한 한글로 아버지를 따라 불렀다.

> 1절 예수가 거느리시니 즐겁고 평안하구나.
> 　　 주야로 자고 깨는 것 예수가 거느리신다.
> 후렴: 주 날 항상 돌보시고 날 친히 거느리시네.
> 　　 주 날 항상 돌보시고 날 친히 거느리시네.
> 2절 때때로 괴롬 당하면 때때로 기쁨 누리네.
> 　　 풍파 중에 지키시고 평안히 인도하시네.
> 3절 내주의 손을 붙잡고 천국에 올라가겠네.
> 　　 괴로우나 즐거우나 예수가 거느리시네.
> 4절 이 세상 이별할 때에 마귀의 권세 이기네.
> 　　 천국에 가는 그 길도 예수가 거느리시네.

내가 말하는 단편적 이야기를 듣고 할머니가 항상 하는 말이 있다. 우리가 '믿음'의 후손이라고! 나도 그렇게 생각한다. 여기에 한 가지 더해서 '믿음'으로 '천국' 가는 것이다. 이것이 우리 아버지의 뜻이다.

감사하며 살자

할아버지는 어린 시절, 혼자된 우리 어머니를 모시고, 사 남매의 장남으로 끼니를 이을 양식과 땔감을 늘 걱정을 해야만 했다.

가장 힘들었던 때는 '보릿고개!' 농촌에 가을에 추수한 양식이 거의 바닥나고, 초여름 보리 추수를 기다려야만 하는 배고픈 '보릿고개'가 있었다. 이때, 할아버지에게는 이 보릿고개를 넘길 수 있는 기술이 있었다. 학교에서 돌아와서 삽을 메고 '써게'게 잡는 쇠 고리와 단지옹기그릇를 들고 신나게 바다로 나갔다.

물이 들어왔다가 나간 후 드러난 바다 땅은 넓다. 그 땅에는 여러 가지 종류의 게들이 산다. 할아버지가 잡으려는 게는 '갈게'! 막 태어난 애기 주먹만 할까? 게 중에 제일 맛있을 거다.

갈게 구멍을 찾아 삽으로 흙을 살짝 걷어내고 써게를 '갈게' 구멍 30-40cm에 넣어 게를 쑥 꺼내서 단지에 담는다. 아마 우리 동네에서 단연코 최고의 기술자(?)였을 거다.

단지가 가득 차면 신나게 집에 가지고 와서 동네에서 쌀과 바꿔 끼니를 이었다.

1945년 해방이 되고 동네 친구들이 중학교에 간다 하니, 공연히 할아버지의 마음도 설레었다!

그 무렵, 일제 강점기에 강제 출국 당하셨던 인돈Linton 선교사님이 미국에서 돌아오셔서 일제에 의해 폐교 당했던 전주의 신흥중학교를 다시 세우셨다. 그분의 도움으로 공부하게 되었고 교수가 되어 유학까지 가게 됐다.

유학 갔을 때의 일이다. 조지아 주 애틀랜타에서 공부를 마치고

전공 학위과정을 위해서 할아버지가 운전하여 시카고로 가다가 자동차 추돌사고가 일어났다. 그 후, 시카고 신학교에서 간신히 한 학기를 마치고 그냥 한국에 돌아오게 되었다.

집에 와서 2-3개월이 지났다. 어느 날, 영우가 나를 찬찬히 바라보더니,

"우리, 엄마하고 같이 살아요."

영우가 애기 때 김포공항까지 나와서 할아버지를 봤었을 텐데! 할아버지에 대한 기억이 없었나봐. 할아버지가 구레나룻 수염을 하고 돌아왔더니, 아마 미국사람으로 보였나 보다.

그때, 할아버지는 속으로 얼마나 울었는지! 만일 할아버지가 그 사고로 어떻게 잘못됐다면,

'너희는 아빠 없이…' '엄마도 남편 없이…'

할아버지가 어릴 때 '아버지 없이' 아파했던 마음을 너희에게도… 생각하면 할수록 주님 은혜 감사하고… 우리는 아직도 기적 가운데 살고 있구나!

"감사하면서 살자."

순하고 착하게 컸다

딸만 넷을 둔 한 엄마의 이야기다.

그녀의 큰 딸은 결혼해서 아이가 둘인데도, 가끔 집에 오면 지나간 어릴 때 당한 얘기를 하면서 엄마를 매우 가슴 아프게 했다.

옛날에 수돗물이 없을 때, 우리 동네에서는 샘물을 길어다 큰 독에 채워 놓고 먹었어요.

어느 날 큰 딸에게 물을 떠오라고 했더니 와장창 독을 깼어요. 엄마는 달려가 앞뒤 사정 이야기를 들을 여유도 없이 때리고 야단쳤죠. 자기가 잘못해서 그 비싼 독을 깼으면, 매 맞고 야단맞는 일은 당연한 거 아닌가요? 엄마는 늘 그렇게 생각했거든요.

그러나 딸은 억울하다고 항변을 했어요. 물을 뜨려고 항아리 뚜껑을 열었더니 독의 바닥에 물이 조금 남아 있었대요.
 작은 키에 엄마 말씀을 잘 듣는 아이가 되려고 머리를 물독에 들이밀고 콩당 콩당 뛰면서 물을 뜨려고 하다가 온몸이 거꾸로 물독에 빠졌대요. 얼굴이 물속에 거꾸로 처박혀서 숨이 막히자 있는 힘을 다해 버둥대다가, 항아리가 구르면서 깨졌다는 거예요.
 죽을 뻔했던 순간을 아찔해하며 겁에 질려 있는데 엄마는 다짜고짜 부잡스럽게 촐랑대다 그 비싼 항아리를 깼다면서 때렸다는 거예요.
 엄마는 잊어버렸는데요. 거기다가 그날 저녁까지 굶겼다나요. 그 말이 나올 때마다 엄마와 큰 딸은 번번이 싸우게 됐어요.

 가끔 딸은 친정에 와서 동생들이랑 한가하게 지나간 얘기를 하면서도 틈만 나면 빈정거리듯 그 얘기를 꺼내곤 했어요. 결국 그 말이 나오면 서로 기분이 엉망이 되어 싸움으로 끝납니다.
 그러던 것을 이제야 비로소 깨달았습니다. 그 동안 딸이 얼마나 답답하고 괴로웠는가를. 지난 주 집에 온 딸에게 어렵게 말을 꺼냈습니다.

"얘, 어미야, 네게 할 말이 있는데."
"무슨 일인데요. 엄마?"
"네가 어렸을 때 그 물독 깬 얘기 말이다. 이제야 네 맘을 헤아리게 되어서…"
"웬일이세요. 엄마가 그런 생각을 다하고?"
"요즘 내가 어머니 교육을 받고 있는데 어느 분의 말처럼 알아야 뉘우치고, 깨달아야 회개한다더니… 이제야 알았어. 알고 나니 뉘우치게 되고 네 마음을 이해하게 되는구나."
"네 상처가 얼마나 컸는데 잊을 수 있겠니? 그런데도 어미라는 사람은 더 답답하게만 하다니."
"어미야, 정말 미안하다."
"용서받고 싶다는 말을 할 염치도 없구나. 그때 행여라도 네가 어떻게 되었다면 어미도 이대로는 못 살았을 게다."

딸은 조용히 흐느끼고 있었다. 엄마는 조심스럽게 다가가 딸의 등을 토닥거렸다.

"엄마, 그 말을 왜 이제야 해요. 왜 이제야…? 나는 엄마의 이런 말을 얼마나 듣고 싶었는데요. 초등학교 4학년이었던 그때부터 오늘까지 20여 년 동안 얼마나 외롭고 힘들었는데요. 엄마가 친엄마가 아니라는 상상을 하기도 했고, 집 나가서 그냥 죽어 버릴까라는 상상을 날마다 했었는데…"
"미안하다. 미안하다."

딸은 엄마 가슴에 묻혀 계속 울었다.

"죄송해요 엄마, 저도 그동안 엄마를 괴롭혔어요. 생활이 어렵고 힘들 때 딸만 넷 낳아 키운 엄마의 심정, 이제 제가 딸만 둘 낳아 키워 보니까 알겠어요. 그러면서도 불쑥불쑥 심술이 났어요. 엄마, 이런 말 해줘서 고마워요. 정말 고마워요. 엄마… 엄마, 오래오래 사셔야 해요."

부모 자식들 간에 어떤 안 좋은 일로 자식들이 마음의 상처를 입는 일이 있다. 우리가 너희들에게 어떤 마음의 상처를 주었을까?

"반성한다.
있다면, 마음을 나누자.
명절 때 식탁에 앉아 자연스럽게 이야기하자."

할아버지가 초등학교 다닐 때다. 어느 겨울 김장철에 우리 어머니가 심부름을 시켰다. 1원짜리 지폐 한 장을 주면서 이웃마을 화동리 이 아무개네 집에 가서 김장 고추를 사오라고 하셨다.

할아버지는 그 지폐를 잘 접어서 윗주머니 깊숙이 넣었다. 그런데 그 집에 갔더니 아무도 없어서 그냥 돌아왔다. 집에 와서 그 돈을 찾았는데 글쎄, 이게 없어진 거야. 순간 겁을 먹고 갔다 온 길을 두서너 번 갔다가 왔다가,… 거의 1km나 되는 길을 따라 땅 위를 뚫어지게 아무리 봐도 없었어. 그 큰돈을 잊어버렸다고 생각한 할아버지는 두려워서 떨었다. 우리 어머니는 할아버지가 위아래 주머니를 더듬으면서 당황하자,

"너 돈 잃어 버렸지?"
"그게 어떤 돈인데… 아이쿠, 어떻게? 금년 김장 못하겠네."

 중조 할머니는 엄청 화가 나셨다. 그 화가 할아버지에게 벌로 떨어졌던 것 같다. 어떤 벌을 받았는지 기억은 없지만 이게 마음에 상처가 되었나보다.

 지금도 이따금 돈을 쓰려할 때 예컨대, 기차표를 사려할 때, 창구 앞에서 깜짝 놀라 바지 주머니부터 상의 주머니에 이르기까지 더듬다가…
 '후유~~!' 하고 마음을 놓는다.

 할아버지가 대구에서 대학에 다닐 때, 대구에 사시는 나의 이모님도 함께 살았다. 이모님하고 어릴 때 이야기 잔치가 벌어졌다.

"은용이가 그렇게 순하고 착하게 컸다"

그렇게 말씀하시면서 '잃어버린 돈' 이야기를 해준 거야. 우리 어머니가 내 교복을 빨기 전에 주머니를 뒤지다가 그 돈이 윗주머니에서 나왔었다는 거야.
할아버지가 그 말을 들을 때

'아하, 그게 그렇게 됐구나!'

억울하고 서운했지만, 그게 우리 어머니의 성질이었고, 또 우리 집 상황이 어려웠기 때문에 '그럴 수도 있지' 하고 이해한다.

순하고 착하게 컸다

학창 시절과 6·25 전쟁

너 중학교 가고 싶니?
하얀 거짓말
가족 이야기에는 적이 없다
네가 살아 왔구나!
먼저 간 전우들에게
이런 참혹한 비극이
왜 순찬이가 내가 아니라
순영이와 짝이 됐는지?
대구에서의 고학시절
우리 사위와 고향 번드리 여행

너 중학교 가고 싶니?

내가 선교사 집에서 아르바이트할 때 이야기이다. 아르바이트라고 하지만, 내 거처는 그 집 1층 작은 방에 살았다.

아침 일찍 일어나서 주방 화덕에 불 피우고, 집안 청소하고, 낮에는 장작을 토막 내고… 필요한 일이 있으면 언제나 불려갔다. 그런 생활 속에서도 나는 공부를 놓지 않았다. 밤에는 혼자 'A, B, C…' 알파벳 공부를 시작해서, 미국 영어 어린이 그림책을 읽기 시작했다.

한번은 내가 공부하고 있을 때, 인돈 목사님이 내 모습을 보셨다. 다음 날, 인 사모님이 나를 불렀다. 내가 혼자 읽고 있던 어린이 책을 이젠, 인 사모님이 먼저 읽고 내가 따라 읽고… 얼마 지나서는 나 혼자 읽게 됐다. 그때, 인 사모님이

"너 중학교 가고 싶으냐?"

그렇게 바랐던 '기회'가 온 것이다.

며칠 후, 인 사모님이 메모 한 장을 써 주셨다. 다음 날, 그 메모를 가지고 김용길 영어 선생님께 갔다. 그 선생님의 책상머리에서 시험을 봤다.

그때 내가 몇 점 맞았는지는 모른다. 그러나 그 선생님이 가르쳐 주신 것을 지금도 기억한다. 영어 'I', 1인칭 단수 주격일 경우 문장 어디서나 대문자 'I'를 쓴다는 것. 아마, 내가 영어문장 중간에 'i'라고 소문자로 했던 것 같다.

김 선생님은 나를 2학년 1학기로 배정해 주었다. 그때부터, 나는 하루에 두 가지 일을 해야 했다. 아르바이트는 내가 늘 하던 일이라 잘했지만, 학교 공부는 그리 쉽지 않았다.

영어는 내 발음이 좋다고 칭찬을 받았는데, 수학은 거의 이해하지 못했고 누구에게 물어볼 시간도 없고 답답했다. 나머지 다른 과목은 무조건 외우면 되니까, 그런대로 1학기를 지났다. 학기말 성적표를 받아보니 40명 중에 하위권이었다.
그래서 그랬는지, 2학기에는 다른 청년 유일준이 고용되어 내가 밖에서 하던 일을 그 청년이 하고, 나는 집 안에서 청소, 겨울에는 석유난로 관리…

2학기말 내 성적표는 중위권이었다. 이것을 보신 인 사모님은 엄청 좋아하셨다.
이렇게 내 학업은 3학년으로 이어졌고 내 학력차도 거의 메워져 가고, 동일계인 신흥중학교에서 신흥고등학교로 진학하였다.

당시, 우리나라 중학교 5년제에서 중 3년, 고 3년으로 개편된 첫해였다. 나는 고등학교 3년 동안 열심히 공부해서, 광주 의과대학에 진학하겠다는 목표로 마음먹고 열심히 공부했다.
재미있게 소망을 가지고 공부하고 있을 때, 6·25 전쟁은 나를 엉뚱한 곳으로 이끌었다. 그때 나는 한탄했다.

'내가 정말 불행한 시대에 태어났구나!'

2차 세계대전에, 일본 치하에서 빈곤, 탄압, 공포… 6·25 남북 전쟁으로 도시 파괴, 동족상쟁으로 희생된 우리 동포들… 전쟁터에서 직접 보고 느꼈던 비극들…

'세상에, 이럴 수가… 우리 세대만큼 불행한 시대가 없을 거야.'
그럼에도 불구하고 나는 여기까지 달려왔다. 내가 자주 말하는 말

'하나님의 은혜로, 내가 여기까지 왔네요! 감사합니다.
그리고 인 사모님 감사합니다.
저의 갈 길을 열어 주셨습니다. 잊지 않겠습니다.'

* * *

1960년대 후반부터 1970년대 초, 미국 애틀랜타 콜롬비아 신학교에서 공부한 일이 있다. 그곳에서 인돈 교장님의 4남 인도아 Thomas Dwight Linton 선교사님을 만났다. 안식년을 맞아 공부하러 오셨다.

한번은 인도아 선교사님이 자기 어머니가 계시는 곳, 노스 캐롤라이나 하이포인트로 나를 데리고 갔다. 양로원이라 하지만 단독

주택으로 쾌적하였다.

인돈 교장님은 이미 하늘나라 가셨고, 다른 한국 선교사 반애란 할머니와 같이 살고 계셨다. 그 선교사님도 내가 잘 아는 분이다.

반애란 선교사
Ellinor van Lierop,
1921~2015

1960년 서울 대신동에 윤락여성, 미혼모, 가출 청소년을 돕기 위해 '은혜원'을 세웠고, 한국 최초의 미혼모자 생활시설인 '애란원'으로 발전하여, 미혼모 복지를 위해 헌신하신 분이다.

1949년 미국 북장로교 파송선교사인 반피득(Peter van Lierop, 1918~2012) 목사와 함께 한국에 왔다. 반피득 선교사님은 경북 안동에 경안학원(경안중, 경안여중, 경안고, 경안여고를 설립해 초대 이사장과 교장을 지냈다. 1957년부터 연세대학교 신과대학과 연합신학대학원에서 종교상담학 교수로 학생들을 가르쳤고, 2012년 미국에서 별세하였다.

선교사 부부는 2남3녀를 두었는데, 특히 한국에서 딸 앤드리아를 입양하여 훌륭하게 키우셨다.

그들은 반갑게 맞아 주셨다.

인 사모님은 나에게 당신의 침대 방을 내어주고… 후한 대접을 받았다. 몸은 약간 불편하셨지만, 옛 모습 그대로 깔끔하시고 인자하셨다.

그날 오후 늦게, 인도아 목사님이 운전하는 차를 타고 찰스타운에서 산부인과 병원을 하고 있는 사모님의 둘째 아들 유진 린튼 Eugene Linton 집에 갔다. 찰스타운 도시에 들어가자, 담배 냄새가 훅 풍겼다. 여기가 미국 담배 생산지란다. 둘째 아들 집에서 집 주인 부부, 우리 세 사람, 일상생활 이야기를 나누고 있었고, 2층에서는 애들이 쿵쿵거리며 놀고 있는 것 같았다.

내가 속엣말로 '할머니 오셨는데, 내려와서 인사해야지.' 그때, 마음속으로 '안타까워했던 일'을 지금도 기억한다.

내가 애틀랜타 콜롬비아 신학교에서 공부를 마치고 시카고 신학교로 자리를 옮길 때, 가는 길에 인사차 하이포인트 인 사모님께 들렀다. 그 때 인 사모님께 드린 인사가 마지막이었다. 전주 인 목사님 집에서 내가 아르바이트할 때도, 실제로 인 목사님도 어디 갔다가 집에 오셔서 현관에서 나를 만나면 물어보곤 하셨다.

"할머니 어디 계시냐?"

나는 할머니(인 사모님)에게 보답하는 마음으로 그의 손자들이 운영하는 유진재단 북한 폐결핵 사업을 돕고 있다.

인돈 선교사님과 부인 인사례 사모님

인돈(William Alderman Linton) 선교사는 1922년 남장로교 선교사인 배유지, Eugene Bell)의 딸 인사례, Charlotte Witherspoon Bell Linton) 사모님과 일본 고베에서 결혼하여, 4남(William Jr, Eugene, Hugh, Thomas)을 슬하에 두었다.

사모님은 두 살 때 어머니를 여의고, 전염병이 만연한 조선 땅을 떠나 미국에서 자라고 교육받은 뒤, 1912년 한국으로 돌아왔다. 전주 기전여학교 교장을 맡아 교육에 힘쓰고, 평소에 한복을 즐겨 입고 자녀들이 한국식 풍습을 익히도록 교육했다.

5대에 걸친 한국사랑

▶ 1대 배유지

배유지(Eugene Bell, 1868-1925) 선교사는 남장로교 선교사로 1895년 27세 나이로 한국에 입국하였다. 당시 조선은 청일전쟁 직후 전국에 콜레라, 결핵, 폐렴이 창궐하였고, 무지와 문맹의 오지였다.

처음엔 나주에서 선교 활동을 하려고 하였으나, 주민들의 반대로 실패했다. 그래서 목포로 옮겨 목포선교부를 설치하고, 교회를 개척하고 교육사업에 뛰어들어 목포 정명학교와 영흥학교를 설립하였다. 그러나 임신 도중 심장병으로 부인(Lotte Bell)이 죽고, 재혼한 아내(Margaret Bell)도 제암리 학살 현장을 돌아보고 귀가하던 중 철도 교통사고로 잃게 되는 슬픔을 겪게 되었다. 그 후 광주로 옮겨 양림교회를 개척하고, 숭일학교와 수피아여학교, 그리고 광주기독병원(현 제중병원)을 설립하였다. 30년간 한국에서 일하고, 1925년 소천하여, 광주 양림동산에 안장되었다.

▶2대 인돈-인사례

배유지의 둘째 딸 인사례(Charlotte Bell Linton, 1899-1974)는 2살 때 어머니를 잃고, 영유아 사망률이 높은 한국을 떠나 미국에서 유년기부터 청년기 동안 생활하다가, 1912년 21세 나이로 내한하였다. 군산에서 선교 활동을 하던 인돈(William Linton, 1891-1960)을 만나 일본에서 결혼식만 올리고 한국으로 돌아와 2대 선교사가 되었다.

인돈 선교사는 군산 영명학교에서 성경과 영어를 가르치다가 1919년 군산의 만세시위 운동을 지도하였고, 일제가 무자비하게 진압하자 귀국하여 지역신문과 교회를 돌며 3·1운동의 실상을 국제사회에 알리며 지지를 호소하였다. 군산에서 전주로 옮겨 신흥학교, 기전여학교 교장으로 활동하다가 당시 일제의 신사참배 강요를 거부, 학교를 자진 폐교하고 1940년 일제로부터 추방되었다. 해방과 함께 다시 내한하여 폐교된 신흥학교를 다시 세우고, 6·25 전쟁 중에도 한국을 떠나지 않고 부산에서 피난민 구호활동을 하였다. 또한, 1956년 대전대학을 설립하였고

교사 건축도 꼼꼼히 챙겼다. 대전대학 초대 학장을 지내다 암이 악화되어 사임하고 귀국하여 1960년 소천하였다. 평양에 세워졌던 숭실대학교가 남북 분단 이후 1954년 서울에 재건되었는데, 1971년에는 대전대학교와 숭실대학교가 통합되어 숭전대학교가 되었고, 1983년에 한남대학교(HNU)와 숭실대학교로 다시 분리되었다. 한남대는 설립자 인돈 선교사를 기리기 위해 1994년 인돈 학술원을 설립, 매년 각 분야에서 업적을 남긴 인사에게 인돈 문화상을 시상하고 있다. 또 국제학부인 '린튼 글로벌 칼리지'를 설립, 우수한 국제화 인력을 양성하고 있다.

▶3대 인휴-인애자

1926년 인돈의 셋째 아들로 군산에서 태어난 인휴(Hugh Linton, 1926-1984)는 미국에서 대학교육을 마치고 해군장교로 2차 세계대전과 인천상륙작전에 참전하였고, 부인 인애자(Lois Linton, 1927-)와 함께 3대 한국선교사로 일하게 되었다.

등대선교회를 설립하고 순천에 거점을 두고 도서산간 벽지에 200곳이 넘는 교회를 개척하였고 간척지 사역에 집중하였다. 항상 검정 고무신을 신고 다녔으며, 고무신이 닳으면 때워 신을 정도로 검소하게 지냈다. 1960년대에는 전라남도 순천 일대에 큰 수해가 나면서 결핵이 유행하였고, 세 자녀도 결핵에 걸리면서 광주까지 치

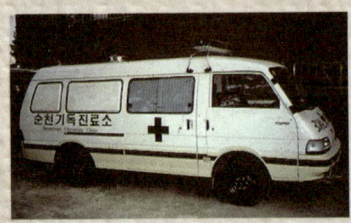

료받으러 다녀야 하는 불편한 사정을 알게 되었다. 아내 로이스는 순천 지역에 결핵 진료소와 요양원을 세우고 순천결핵재활원 원장으로 35년간 결핵퇴치사업을 벌이다가 1994년에 은퇴하였다.

1984년 4월 10일, 인휴는 농촌 교회 건축용 자재를 트레일러에 싣고 순천 요양소로 돌아오는 길에 사거리에서 회전하다가 음주 운전 상태로 맞은 편에서 오던 관광버스가 그대로 들이받았다. 휴 린튼은 차에서 튕겨 나와 논바닥에 떨어졌고 택시에 실려 광주 기독병원으로 가던 중에 하나님의 부름을 받았다. 그 당시 순천에는 응급 환자용 앰뷸런스가 없었다. 1992년 앨라배마 교회에서 인휴의 친구들이 4만 달러의 조의금을 보냈는데 아내 로이스는 세브란스병원 의사였던 아들 인요한을 시켜 봉고를 개조하여 응급장비가 완비된 최초의 한국형 앰뷸런스를 제작하여 순천소방서에 기증하였다. 그리고 선진국 정보를 수집하여 1995년 2호 한국형 앰뷸런스를 제작하여 응급의료의 기틀을 마련하였다.

▶ 4대 인세반, 인요한

휴 린튼의 5남 1녀 중에서 둘째 인세반(Stephen Linton, 1950-)과 막내 인요한(John Linton, 1959-)은 한국에서 태어나 한국에서 교육받은 4대 한국선교사들이다.

인세반 선교사는 컬럼비아 대학에서 한국학 연구소 부소장과 교수를 지냈다. 유진 벨 선교 100주년을 맞아 1994년 '유진 벨 재단'을 설립하여, 북한 식량보내기운동, 앰뷸런스 지원, 결핵약과 x-ray 기계, 이동 x-ray 검진차, 현미경, 콩 등을 지원하면서 대북결핵퇴치사업에 박차를 가하였다. 이후에도 간염의 진단과 예방, 구강, 치과사업, 일반항생제, 의약품지원과 '응급진단장비 패키지'를 지원하는 등 모두 400억원이 넘게 지원하였고 1997년부터 수십 차례 북한을 방문하며 북한을 지원하고 있다.

5대에 걸친 한국사랑

미국으로 건너가 가정의학과 수련의 과정 후 미국 전문의 면허를 취득하였다. 4년의 미국 유학 생활을 마치고 귀국한 뒤 1992년부터 세브란스 병원 국제진료센터 소장을 맡고 있다. 아버지가 교통사고 후 구급차도 없이 돌아가시자 15인승 승합차를 개조하여 한국형 구급차를 제작하였고, 그 후에도 발전시켜 전국에 5,000여 대 이상 보급하며 우리나라 119 응급체계를 확립하는데 기여했다.

현재 천리포 수목원 이사장도 맡고 있는데, 설립자 민병갈(Carl Ferris Miller) 박사께서 6.25 전쟁 후 폐허가 된 산야를 안타깝게 여겨 사재를 들여 매입한 천리포 해안 토지에 16,000여 종이 넘는 다양한 식물을

인요한 교수는 전라북도 전주에서 출생하였지만 대부분의 유년기를 전라남도 순천에서 보냈으며, 중고등학교를 대전에서, 대학을 서울에서 보냈다. 1980년 의과대학 학생일 때 5.18 민주화운동이 일어나자, 군에 의해 봉쇄된 검문을 뚫고 광주에 들어가 광주 실상을 외신에 알리는 시민군의 통역을 맡았던 유명한 일화가 있다. 인요한은 연세대 의과대학을 졸업하고 한국 의사 자격을 받고

재단법인 유진 벨(한국)
서울 마포구 서교동 395-166
서교빌딩 605호 122-740
전화: 02-336-8461
팩스: 02-3141-2465
Eugenebell Foundation 미국
P.O. Box 5099 Hasienda Heights, CA
91745-0099
Tel: 626-824-8211
Fax: 951-769-5879
www.eugenebell.org

심고 일평생 관리한 한국 최초의 사립 수목원인데, 설립자의 뜻을 따라 대한민국 최고의 수목원으로 운영하고 있다. 1995년 린튼가 형제들과 함께 유진 벨 재단을 설립하였고, 인요한은 북한을 수십 차례 방북하여 북한에 200여 개의 결핵진료소를 세우고, 인요한이 제작한 구급차를 기증하였다.

인세반과 인요한은 2005년 국민훈장 목련장을 받았다.

▶ 5대 인대위

인대위(David Linton, 1971-)는 변호사로, 미국에서 태어나 대학교 때 한국으로 유학했다가, 다시 미국으로 돌아가 미국변호사로 활동하다 한국으로 돌아왔다. 얼마 전 tvN TV 프로그램인 '유 퀴즈 온 더 블럭(유퀴즈)'에 출연하면서 유명해졌다.

2014년 독립유공자 후손 자격으로 한국에 귀화를 선택하였고, 현재는 창업 자문 변호사, 한동대학교 국제법률대학원 교수로 활동하고 있다.

린튼 가(家)의 한국 사랑은 정말 대단하고 위대한 것 같다. 그중에서 2대 인돈 선교사님과 인사례 사모님께서 할아버지에게 잊을 수 없는 사랑과 은혜를 베풀어 주셨다. 어려운 가정형편으로 중학교에 가지 못하고 선교사님 가정 잡일을 하는 사환(?)으로 들어가게 되었다. 당시에는 먹고 재워만 주어도 일하려는 사람이 많았기에, 엄밀히 말하면 선교사님이 거두어 주신 것이지. 선교사님 댁에는 일하는 친구가 또 있었는데, 그 사람은 따뜻한 집에서 먹여주는 것으로 만족해서 공부하려고 하지 않았다. 공부하고 싶어도 인돈 선교사님 부부가 도와주시지 않으면 불가능한 일이었겠지만, 아무리 도와주시려고 해도 하나님의 인도하심과 도우심, 그리고 할아버지의 성실과 의지, 노력이 없다면 모든 게 불가능한 일이 되었겠지. 모든 것이 합력하여 선을 이룬다는 말이 이런 것이 아닐까?

▶ 린튼 家 가계도

```
                          유진 벨
                          (배유지)
                        수피아여학교
                           설립
                            │
         월리엄 린튼 ─── 샬럿 벨
          (인돈)          (인사례)
        한남대학교
           설립
            │
  ┌─────┬─────┬─────┬─────┬─────┐
월리엄   유진 린튼  휴 린튼  로이스 린튼  드와이트 린튼
린튼 2세           (인휴)   (인애자)    (인도아)
                등대선교회    전       전 호남신학대
                   설립    기독결핵재활    학장
                            원장
    │                       │
월리엄                ┌─────┬─────┬─────┬─────┐
린튼 3세           데이비드 린튼  스티브 린튼   • • •    존 린튼
㈜프로메가                   (인세반)              (인요한)
  대표                    유진벨재단           세브란스병원
                           이사장              국제진료
                                                센터장
                    │
                데이비드
                린튼 2세
                 (인대위)
                한동대학교
                국제법률대학원
                   교수
```

104 * 학창 시절과 6·25 전쟁

하얀 거짓말

1950년 7월 초순에 인민군이 금강을 건너온다는 소문이 들렸다.

주일날 7월 10일? 오후, 우리 학교 전주 신흥고등학교 앞 서문교회에서 당시 국방장관이었던 S씨가 와서 전쟁 보고를 한다고, 우리 학교의 권유로 우리 학생들이 많이 참석했다. 그가 보고한 내용은 다 기억할 수 없지만, 우리가 이기고 있다는 것이었다.

그가 말하고 있을 때, 한 통신병이 통신장비를 메고 나타나서 쪽지를 건네주었다. 그 장관이 읽고 하는 말이

"미군이 평양에 낙하산으로 내렸는데,
평양 점령은 시간문제다."

당시 우리가 무서워 한 것은 인민군 탱크이었는데, 그것도 문제없다고 했다.

"미군이 칼빈 소총만한 원자포를 가지고 왔는데
탱크도 그것 한 방 맞으면, 불덩어리가 되어 녹아내린다."

우리는 손뼉을 쳤다. 그리고 그가 말했다.

"우리 국군이 북진하게 되면
후방을 수습할 군인들이 필요한데…"
"학생들이 나서라"

다음 날, 학교에 갔다. 학교 분위기가 너도나도 군에 자원하는 분위기다. 나도 책가방을 내 자리에 놓아둔 채, 우리 반 학생 20여 명과 함께 다른 반 학생들도 많이 나섰다.
전주역에서 집결했다. 우리는 뚜껑이 없는 기차를 타고, 이리 농림학교에 도착했다. 1,000여 명쯤 되어 보였다.
다음 날 군인들이 와서 소대 단위로 편성을 하고

"앞으로 가!"
"뒤로 가!"

그때, 공습경보 사이렌 소리가 요란하게 들렸다. 비행기 소리도 들렸다. 이어서 폭발음으로 온 시내가 진동했다.

　나중에 알게 된 일이지만, 북한 비행기가 와서 이리역에 폭탄을 떨어뜨렸다고 했다.
　그날 저녁 다시 우리는 뚜껑 없는 기차를 타고 남쪽으로 내려가고 있었다. 임실역에서 우리 기차는 오래 정차하고 있었다. 우리 몇 학생들이 역 광장에서 아래로 내려가는 많은 피난민을 보았다.

　우리는 당시 전주 교계에서 존경을 받으시던 전주 중앙교회 서 목사님을 만났다. 서 목사님이 손부채를 부치시면서 무엇인가 우리에게 격려의 말씀이 있었는데, 기억은 안 나고 인상만 남았다.

"아무리 우리가 힘이 있어도 잘 조직되지 못하면 당한다."

우리가 억울하고 안타깝다는 느낌이었다. 우리 부대는 순천 어느 초등학교에 짐을 풀었다. 현역병들이 나타나 우리를 훈련시켰다. 훈련은 빈손 훈련이다. 훈련이라곤 학교에서 받은 교련과 다를 바 없었다. 아침 기상 점호, 저녁 점호… 누가 도망갔다는 이야기는 없었다.

한 주일이 지났을까? 7월 18일경 다시 우리는 남으로 걸어서 갔다. 비가 많이 왔다. 비를 맞으며 어떤 길은 물에 잠겨, 강을 건너는 것처럼 걸었다. 가다가 날이 저물면 초등학교 교실에 들어가서 자고… 며칠을 걸었을까?

진주에 왔다 7월 20일 경. 진주 농림학교에서도 일주일 정도 있었던 같다. 여기는 남쪽이라서, 설마 인민군이 여기까지? 느긋한 마음으로 여유를 느꼈다. 남강에 가서 멱도 감고 기생 논개가 왜군 적장을 안고 물에 빠져 죽었다는 바위도 보았고, 그 유명한 촉석루도 보았다. 일주일 정도 지나서 7월 27일경 남강 다리 위에 사람들이 피난 보따리를 들고 지고 내려가고 있었다. 우리도 그 다리를 건너 김해 어떤 초등학교에서 자리를 잡았다.

여기에서 30명 단위로 소대 편성이 됐고 육군 소위 소대장도 나타났다. 육사 재학생이란다. 고등학교 교실에서 바로 내 옆에 앉았던 정순찬이 같은 소대에 편성됐다. 그때 우리는 학생복을 벗고 군복으로 갈아입었다. 그리고 우리가 들고 다녔던 사물 가방은 그 지방 사람들이 와서 가마니에 담았다. 다음에 와서 찾아가라고 했다. 내게 남은 것은 인돈 목사님의 사모님이 크리스마스 선물로 주신 회중시계 하나밖에 없었다.

우리 소대는 목총을 들고 큰 무덤들이 있는 왕릉으로 갔다. 나중에 안 일이지만 그 왕릉은 우리 김해 김씨 조상 김수로 왕이 묻혀 있는 왕릉이었다. 여기에서 선임하사의 구령에 따라 우리는 목총을 들고 그 묘역을 밟고 엎드리고 일어나고, 그리고 소리치며 훈련 전투 훈련을 받았다.

일주일이 지났을까. 어느 날 밤, 우리는 기차를 타고 대구로 올라왔다. 대구에 오니 이상한 소문이 있었다. '대구에 인민군 박격포탄이 떨어졌다나?' 그때에서야, '아하! S 국방장관의 말은 진짜가 아니라 새하얀 거짓말이구나!', '오죽이나 급했으면 그렇게 했을까?'

이것을 '불행 중 다행'이라 했던가! 그 하얀 거짓말이 없었다면 우리가 전주에 남아서 인민군으로 끌려갈 뻔했는데…

지금 생각해보면, 정말 다행이다.

✻ 가족 이야기에는 적이 없다

한 사람이 전투 중에 적에게 포로가 되어 수용소에 갇혔습니다. 간수들의 시선과 거친 태도로 보아 얼마 후 처형될 것이 분명했습니다.

그의 신경이 극도로 곤두섰으며 고통을 참기 어려웠습니다. 그래서 담배를 찾아 주머니를 뒤졌는데 다행히 한 개비가 있었던 것입니다. 떨리는 손으로 담배를 겨우 입으로 가져갔는데 성냥이 없었습니다. 그 사람은 창살 사이로 간수를 바라보았으나 간수들은 곁눈질도 주지 않았습니다. 그래서 한 간수를 불러 말을 걸었습니다.

"혹시 불이 있으면 좀 빌려 주십시오"

그러자 간수는 가까이 다가와 담뱃불을 붙여 주려고 성냥

을 켜는 사이 시선이 마주쳤습니다. 그 때 포로는 무심코 간수에게 미소를 지어 보였습니다. 이 미소가 창살을 넘어 간수의 입술에도 미소를 머금게 했습니다.

간수는 담배에 불을 붙여준 후에도 자리를 떠나지 않고 이 사람의 눈을 바라보면서 미소를 지은 것입니다. 이렇게 이 둘은 서로에게 미소를 지으면서 서로가 살아 있는 인간임을 깨달았습니다.

이때 간수가 물었습니다.

"당신에게 자식이 있소?"
"그럼요. 있고말고요."

포로는 대답하면서 얼른 지갑을 꺼내 자신의 가족사진을 보여주었습니다. 간수 역시 자기 아이들의 사진을 꺼내 보여주면서 앞으로의 계획과 자식들에 대한 희망 등을 얘기했습니다.

가족의 얘기가 나오자 포로의 눈에는 눈물이 맺혔고, 그는 다시는 가족을 만나지 못하게 될 것과 자식들이 성장해 가는 모습을 지켜보지 못하게 될 것이 두렵다고 말했습니다.

이때 간수는 갑자기 아무런 말도 없이 일어나 감옥 문을 열고 조용히 포로를 밖으로 안내했습니다.

그리고 함께 감옥을 빠져나와 한 마디 말도 없이 마을 밖으로 내어 보냈습니다. 그리고는 그 간수는 뒤돌아갔습니다.

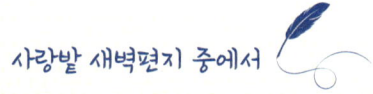

사랑밭 새벽편지 중에서

1980년대 초에 할아버지는 대전 교도소 교화위원으로 위촉받은 일이 있다.

하는 일은 주기적으로 높은 담 안으로 들어가 미전향 장기수를 설득하여 마음을 돌려놓는 일이었다. 미전향 장기수란 남한에 전향하지 않고 30년 넘게 수감되어 있는 사람들이다. 만나서 이런저런 이야기를 나눴다. 그들은 다 골수 공산주의자들이고, 우리의 설득을 받아들이지 않는다는 것을 잘 알고 있기 때문에 나에게 어떤 사명도 주지 않았다. 어떤 이야기를 주고받았는지 기억나지 않지만, 가족 이야기를 들은 기억이 난다.

A라는 사람은 남한 출신이다. 남쪽에서 상고를 졸업하고, 서울 한국은행에서 일하다가 6·25 전쟁 때 월북해서 김책공대를 졸업하고 그곳에서 부인을 만나 두 딸을 두었다 했다. 그 감옥 안에서도 가족들의 소식을 알고 있었다 하니 정말 놀랐다.

J라는 사람은 원산 출신이다. 본래 해양 분야에서 일한 사람이었다. 결혼해서 신혼에 있을 때 아내가 임신했다. 그때, 남한에 간첩수송의 임무를 받았다. 동해안 어딘가에서 간첩들을 상륙시키려는 찰라, 우리 국군 해양경비대에 잡히고 말았다. J씨는 자기만 살았다고 내가 들은 것 같다. 그는 A씨처럼 공산주의 엘리트는 아니지만, 언제나 김일성 팬이었다. 그럼에도 불구하고 엄마는 그들

가족 이야기에는 적이 없다 * 113

의 가족 이야기를 듣고, 내가 교도소에 다녀오면 그들의 가족 안부를 물었다. 하지만, 속 시원한 답을 주지는 못했다.

✵ ✵ ✵

1990년대 초, 우리가 문화동 삼익아파트에 살 때 북한 미전향 장기수들에게 '주민 생활 체험 프로그램'이라는 좋은 제도가 있었다. 그때마다 엄마는 한상 크게 차려서 대접했다.

그 후에 그들은 나를 만날 때마다 엄마의 안부를 물었고, 엄마는 그들의 안부를 물었다.

1990년대 중간에 우리가 법동에 살 때, 30년 이상의 장기수 네 사람을 모셨다. 물론 A씨와 J도 함께 왔다. 그들은 변화하는 우리 사회를 느끼고 있었는지, 그들이 자랑스럽게 여기는 백두산 천지 사진이 담긴 옆으로 긴 액자를 방문 선물로 들고 왔다. 그 액자 뒤에는 네 사람의 사인이 있다.

그리고 2000년 초에 그들은 북의 가족에게 돌아갔다. A씨와 J씨는 돌아가면 가족 이야기를 알려주겠다고 했는데… 나보다 할머니가 그들의 소식을 더 기다리는데… 아직 아무 소식이 없구나!

'나름대로 사정이 있겠지!'

네가 살아 왔구나!

1950년 7월 27일경(?) 밤에 구포역에서 기차를 타고 대구역에 내려 역 광장에서 앉아서 밤을 새웠다.

다음날 새벽에 다리에 쥐가 나 심히 고통스러웠는데, 그 쥐가 나는 고통이 지금까지 지속되고 있다. 피곤해서 깊이 잠들 때 으레 찾아온다. 약 5분 동안 다리가 굳어버려 심히 고통스럽다.

당시 그 광장에는 사람들이 많았고 대단히 혼란스러웠고 불안한 분위기였다.

우리는 시내 어떤 초등학교로 옮겨 거의 일주일 동안 7월 28일-8월 4일? 군사훈련을 받고 마지막 날, 대구 앞산 기슭 사격장에서 M1 소총 8발을 쏘았다.

그날 밤 우리는 트럭에 실려 대구역에서 서북쪽 어떤 방직공장 뒤 넓은 풀밭으로 옮겨졌다.

얼마 후 군 트럭들이 부릉부릉 소리를 내며 들어왔다. 타닥타닥

나무 박스 뜯는 소리가 나더니만, 기름 범벅이 된 M1 소총과 철모 2가지를 지급했다. 밤이 새도록 기름을 닦아내고 철모를 쓰고 출동 준비를 하고 있었다.

먼동이 트자 대기하고 있던 트럭에 우리가 올라탔다. 그때 처음으로 대위 계급장을 단 중대장이 나타났다. 대대 규모의 출동이었는데 대대장은 보지 못했다.

내가 소속한 부대는 8사단 21연대 1대대 1중대 1소대라 하는데, 사단이나 연대 규모를 실제로 본 적은 없다.

우리가 출동한 전투현장은 군 트럭으로 영천시에서 30-40분 거리, 자양면과 기계면 접경 지역이었다. 우리의 임무는 안동에서 포항으로 내려가는 국도를 지키는 일이다. 인민군들이 그 길을 따라 내려오고 있었다.

자양초등학교에 집결한 것은 오후 4-5시경. 그때까지 미국 무스탕 전투기가 어떤 고지를 향하여 기총소사를 하고 있었다. 우리 국군이 모자라서 비행기가 인민군이 내려오는 것을 막고 있었던 것 같다.

그날 컴컴한 밤, 우리 소대는 콩밭에 숨어 자리를 잡았다. 바로 눈앞에 높은 산이 있는 것 같은데, 근방 지형은 전혀 파악할 수 없었다. 당장 인민군이 어디선가 나타날 것만 같았다.

'적군을 대할 때 자연 지형과 은폐물 뒤에 숨어서 대항하라'라고 교육을 받았는데, 몸을 숨길만한 곳은 콩밭 두렁밖에 없었다. 그나마 몸을 숨기기엔 깊지 않았다. 그곳에 엎드려 벌벌~~ 떨었다. 처음 전투에 임할 때는 그렇게 떨린다고 하지만…

다음 날 8월 6일 이른 아침에 일어나 보니 우리가 있었던 콩밭 바로 밑에 개울이 흐르고 금호강 발원지 개울 바로 위로 바위산이 솟아 있었다. 그 바위산 능선은 개울을 따라 상류로 뻗어 있었다. 우리 바로 앞산에 인민군이 자리 잡고 있다고 했다.

아침 9-10시경, 우리 소대는 개울을 건너 삼귀리 三貴里 뒤 산능선에 올라가 그 능선 적진을 고지 高地를 향하여 엎드렸다. 그 고지 바위벽이 소나무로 가려져 부분적으로 보였다. 그곳에 인민군들이 숨어있다고 했다. 그러나 보이지 않았다.

그곳을 향하여 소대장의 사격명령이 내려졌다. 인민군들이 숨어 있을 만한 곳을 향하여 쏘았다. 지급받은 실탄 150여 발 중에서 반 정도… 내 총소리에 귀가 먹어 아무 말도 들리지 않았다.

우리 뒤 고지에 대대장의 지휘소 부대가 있었고, 5중대 우리 1소대가 최전방에서 적과 대전 對戰하고 있었다. 어떻게 된 일인지는 몰라도, 우리 뒤의 고지에서 총알이 날아와 우리 소대 선임하사가 다리에 심한 총상을 입었다. 그때, 우리 소대는 다른 곳으로 옮겼는데 나는 모르고 있었던 거다. 우리 고지에서 좀 낮은 데로 내려와 상황을 살피고 있다가, 오후 3-4시경 삼귀리 동네로 내려와 바로 눈앞에 보이는 고지에 올라가기 위하여 논두렁으로 가고 있을 때, 갑자기 '퍽! 퍽! 퍽!' 총알이 주변에 떨어졌다.

소리쳤다.

"아군이요."

논두렁을 따라 올라가니 우리 대대장이 호 안에서 두어 명 참모들과 함께 있었고 쌍안경으로 적진을 바라보고 있었다.

그날 밤 그곳 산능선에서 자고 해가 뜰 때 처음 우리 중대가 집결했던 자양초등학교로 찾아갔다.

그곳에서 친구 정순찬을 만났다.

"네가 살아왔구나!"

반갑게 맞아 주었다.

어디선가 소고기 한 덩어리를 갖다가 주었다.

그날 아침 8월 7일, 자양초등학교 교정에서 처음으로 우리 대대가 한자리에 집결한 것을 봤다.

　대대장도 나타나서 우리 앞에 섰다. 위엄있게 보였고, 우리 또한 사기도 생겼다. 단상에 올라가 뭐라 말했는데, 다 기억할 수 없고… 우리가 공격해야 할 목표만 기억한다.
　'강변에 우뚝 선 바위산' 자양초등학교에서도 보였다.

　어젯밤에 그 고지를 공격하다가 전투 경험이 없는 신병들이 실패했던 것 같았다. 오늘은 아예, 대낮에 공격하기로 했다.

먼저 간 전우들에게
특별히, 나의 학급 친구 순찬아!

2007년 4월 3일 영천군 운주산 기슭에서 '유해 발굴 개토제'가 있었다. 여기에 할아버지와 할머니가 참여하게 되었고, 할아버지는 먼저 간 전우들에게 위로의 추모사를 올렸다.

한국전쟁이 끝나고 거의 57년이 지나, 너무 늦었지만 할아버지는 감동했다. 먼저 간 전우들과 함께 대한민국의 마지막 보루堡壘인 영천을 우리가 사수했다는 것 자랑스러웠다.

미안해요.

오래전에 국군묘지에 모셔야 했는데!

정말, 미안해요.

이곳 영천에서 우리가 싸울 때 졌구나!

불안과 실망!

얼마나 걱정들 했나요?

그럼에도 불구하고 당신들은 몸을 던져

영천을 사수했지요.

영천을 사수한 것은 당신들이에요.

오늘날의 대한민국,

당신들의 피의 대가예요.

미안해요. 불쌍한 전우들!

이제야 전우들의 유해를

국군묘지로 모시려고 왔어요.

미안해요. 불쌍한 전우들!
손을 번쩍 들어,
'나 여기 있다'고 보여주세요.

특별히, 나의 친한 학우, 순찬아!

너와 내가 죽음과 삶으로 이별한
이 전쟁터를 여러 번 헤맸다.
네가 남기고 간 흔적을 찾으려고…

우리가 실전에 들어가기 전 모였던,
자양초등학교 교정.
다 물에 잠겼어!
어디가 어딘지 분간할 수 없었어.

내가 첫날 전투에서 낙오되어,
다음 날 그곳으로 돌아왔을 때
"네가 살았구나!" 하면서
나를 반겨준 그 현장에서,
너와 지난 이야기를
실감있게 속삭이고 싶었는데…
모두 다 물에 잠겨 버렸어!

그러나 산봉우리들은 그대로야.
울창한 소나무들도.

우의도 없이 비 맞으며,
소나무 밑에서 밤을 새우던 그때를
기억나게 하는구나.
몸에 몸을 서로 대고,
체열을 나누던 그 밤들을!

함께 싸운 전우 김은용 올림

* 이 글이 추모 시문으로 추천되어 그해 「국방」 8월호에 실렸다.

할아버지께서 다니셨던 전주 신흥고등학교 교정에 6·25 참전용사 기념패가 세워져 있었다. 할아버지가 기념패에 새겨진 본인의 이름을 가리키고 있다.

할아버지의 친구 정순찬씨는 중학교 때 만났다.

우리 반 제일 뒷좌석, 바로 내 옆에 앉았다. 아침에 등교하여 자리에 앉아 모자를 책상 위에 올려놓고 기도부터 했다. 교회 활동, 교내 기독학생 운동 등 열심히 해서 별명이 '정 목사'로 통했다.

한번은 자기 교회전주중앙교회에서 웅변대회가 있다고 할아버지에게 권했다. 그때만 해도 웅변술은 출세의 길이라 생각했다. 사람들 앞에서 발표한 것은 처음이지만 용기를 내어 나서 봤다.

부끄러워 가슴 뛰고 얼굴 화끈거려 준비한 대로 잘 안된 거야.

내려와서 자리에 앉아서도 고개를 못들 정도로 부끄러웠다. 그때부터 출세란 것이 할아버지에게 맞지 않다고 생각했고 중고등학

애타게 찾았건만…

할아버지는 절친과 함께 전쟁터에 나갔다가, 친구는 죽고 혼자 살아 돌아온 것에 대해 마음 한켠에 늘 짐처럼 남아 있었다. 때마침 국방부에서 6·25 50주년 기념사업으로 시작된 '6·25 전사자 유해발굴사업'이 있다는 소식을 듣고, 곧바로 신청해서 친구를 찾을 수 있을 거란 기대에 설레는 마음으로 참여하게 되었다.

세월이 많이 지났지만, 어제처럼 기억이 생생하여 금방 찾을 것 같았다. 그러나 나무가 너무 울창하게 우거지고, 특히 자양면 성곡리에 1974-1980년 건설한 영천댐으로 인해 커다란 영천호가 생기면서 자양초등학교 등 대부분의 저지대가 침수되었다. 그래도 기억을 거스르고 되살려, 드디어 할아버지 친구 정순찬 씨의 유해를 발굴하게 되었다. 얼마나 벅찼던지…

유해를 고이 모셔와 정성을 다해 화장해서 분골을 가족에게 인계하려고 했는데 가장 가까운 가족이 조카밖에 없었다. 그런데 너무 감동하는 할아버지와 달리, 뭐라 표현할 수 없는 달갑지 않은(?) 표정! 생각해보니 애달파야 할 직계 가족은 다 돌아가시고, 조카 입장에서도 잘 들어보지 못한 삼촌의 유해를 갑자기 대하니 당황스러울 수밖에… 아! 죽은 자만 억울한 것인가?

교 영어선생을 하면 좋을 것 같았다.

우리가 함께 학교를 떠나 군에 몸담고 영천군 자양면 전쟁터에서 그 친구는 전사戰死하고 할아버지는 전상戰傷으로 부산으로 후송될 때까지 늘 함께 붙어 다녔다.

하나님의 뜻은 알 수 없구나. 그 친구가 살았다면 더 많은 일을 했을 텐데! 하나님은 그를 먼저 불러 가시다니…

이런 참혹한 비극이

어제 낮에 우리 소대가 공격 목표로 했던 삼귀리 뒤 바위산을 그날 밤에 우리 중대가 다시 공격했다. 희생자만 내고 돌아왔다. 그 전투에서 부상 당한 우리 중대장이 다른 부상병과 함께 군 트럭에 실려 후송됐다.

이번에는 대낮에, 우리 대대 병사가 총을 들고 일렬로 길게 강을 건너 삼귀리 뒤 그 바위산을 포위했다. 어디선가 포탄이 날라와 그 고지 주변을 강타했다. 고막이 터질 듯 요란한 소리!
그 소리가 멎자, 우리 1소대가 앞장서 공격해 올라갔다. 골짜기를 따라 올라가다가 풀 넝쿨 속에서 우리 병사 5-6명이 나타났다.
그중에 노순영이 있었다. 그도 우리학교 출신이었다. 그는 우리 소대에 들어와 함께 싸웠다.

두어 시간 정도(?), 공격이라기보다 그냥 서서 올라갔다.

능선에 이르자, 편평한 곳에 우리 전우들 30-40명이 쓰러져 있었다. 어젯밤 공격했다가 당한 병사들이었다. 전투경험이 없는 신병学徒兵처럼 보였다.

어떤 병사는 철모를 뚫고 들어온 총탄에 이마를 맞아 얼굴이 호박처럼 부어 있었고, 어떤 병사의 주머니에는 영한사전이 보였다. 그곳까지 사전을 들고 온 그를 봤을 때, 내 자신을 보는 듯했다.

그렇게까지 공부하고 싶어 했던 그가 공부를 멈추고 떠나다니! 너무 억울하게 보였다.

우리는 그 바위산을 별 저항 없이 올라갔다. 인민군들은 수의 열세로 도망간 것 같았다. 우리가 올라간 고지 바위 밑에는 인민군 시체 10여 구가 늘어져 있었다.

그 싸움에서 죽은 사람들은 우리 형제다. 우리는 왜 총을 맞대고 싸우는지.

'세상에… 이런 참혹한 비극이 어디 있을까?

언젠가는 남북 모두가 이 비극에 대해 참회懺悔하고 서로 사이좋게 교류하고 결국 통일 한국을 이루어 번창하게 된다면, 그야말로 세계가 부러워하는 명작名作이 될 텐데…'

지금도 그 현장과 꿈꾸던 망상妄想을 기억한다.

※ ※ ※

　2000년 초에, 그 지역 예비군 중대장과 함께 친구 순찬의 유골을 찾기 위하여, 우리가 싸운 전쟁터에 갔다가 그 고지에 들렀다.
　지형을 살펴보니 우리 전우들이 공격한 그 고지의 서남쪽은 평지이고, 인민군들이 방어한 곳으로 보이는 동남쪽에는 작은 바위들이 있었다.

　'누가 그 작전을 지휘했는지 모르지만, 그는 지형을 잘 파악하지 못하고 공격명령을 내린 것은 아닐까? 전쟁 중에 지휘관은 부하들의 생명을 지켜주어야 하는데… 참으로 안타깝다.'
　그들이 전사한 곳으로부터 400-500m 떨어진 곳에 전우들의 합장 무덤으로 생각되는 큰 무덤이 있었다. 그 무덤 위에 50년이 넘어 보이는 큰 소나무가 자라고 있었다.

※ ※ ※

　우리는 인민군의 뒤를 쫓아 북동쪽 계곡으로 내려갔다. 강변에 작은 마을이 나왔고, 이곳에서 인민군들이 바로 얼마 전에 떠난 흔적도 보였다. 인민군 부상병들, 장총 10여 자루를 버려둔 채 도망가 버렸다.

그날 밤 그 마을 뒤로 우뚝 솟은 고지로 올라가 그 밤을 지냈다. 장맛비가 많이 내려 우의도 없이 소나무 밑에서 그대로 맞았다. 너무나 추워서 친구 순찬이와 몸을 맞대고 체온을 나누었다.

그때 '채각, 채각…' 회중시계 소리가 났다. 조용한 그 산중에서 '채각, 채각…' 우리 둘만이 들을 수 있는 소리! 생동감을 주었다.

그게 좋았던지 친구가 자기가 가지고 있겠다는 거야. 빌려주는 마음으로 건넸는데 결국 돌려받지 못했고, 엉뚱하게 그 시계는 어떤 인민군의 손으로 넘어갔다.

왜 순찬이가 내가 아니라 순영이와 짝이 됐는지?

다음 날8월 8일, 우리 소대는 강 상류를 따라 거의 매일 이동했다. 아마 인민군의 뒤를 쫓는 듯했다. 이 산에서 저 산으로…

김제-만경 평야에서만 살았던 나에겐, 높은 산을 오르고 내리는 것이 낯설고 너무 힘들었다. 먹는 것도 거의 건빵으로 때우고, 밥을 먹어본 기억이 없다. 산 아래 강가로 내려가 철모에 물을 떠 가지고 올라오고… 강가까지 가기가 멀 때는 논두렁에 엎드려 논물을 들이켰다.

이 산에서 저 산으로 계속 옮겨 다니다가 8월 14일 늦은 오후, 우리 소대가 한 고지에 자리를 잡았다. 인민군이 주변에 있다고 했다. 소나무가 우거져 사방이 보이지 않았지만, 31번 국도를 타고 안동에서 포항으로 내려오는 인민군 통로를 막는 임무였다.

고지 위에선 소대장과 병사 몇 명들이 자리 잡았고 나머지 소대원들은 병사 2명씩 한 짝이 되어 고지 둘레에 초소를 잡았다.

어찌된 일인지? 늘 나와 짝이 됐던 친구 정순찬은 우리 학교 출신 노순영과 짝이 됐다. 지금까지 나와 짝이었는데… 섭섭했다. 난 경상도 친구와 짝이 됐다. 처음 만난 친구다.

우리가 자리 잡은 초소에는 돌덩이가 많아 짝과 함께 넓적한 돌판을 굴려서 소나무에 기대 놓고 그 뒤에 우리 둘이 몸을 숨기고 머리만 내어놓고 기다렸다. 나는 깜박 잠이 들었다.

총소리에 소리에 잠이 깼다. 내 짝은 없어졌고, 저 동쪽 산 중턱에서 인민군들이 양철동이를 두들기고 소리치며 시끌벅적! 아무것도 보이지 않아 소리 나는 쪽을 향하여 방아쇠를 그냥 당겼다.

순간, 내 왼쪽 어깨를 누군가가 몽둥이로 후려치는 느낌! 어깨가 멍했다. 그리고 어깨에서 무엇인가 흐르고 있는 느낌이 들어 무심코 오른 손을 대다보니, 손가락 하나가 구멍 난 어깨 속으로 쑥~ 들어갔다. 소대장이 있었던 바로 위에선 인민군들이 언제 올라왔는지?

"손들고 올라와!"

끔찍한 소리가 들렸다. 나는 그곳을 피하여 소나무가 우거진 북쪽 산비탈 숲에 숨었다. 장맛비 속에 얼마를 기다렸는지? 새벽 먼 동이 트고 있었다.

　산능선을 따라 서쪽으로 중대본부가 있다고 생각된 곳을 향했다. 장총을 든 인민군 둘과 마주쳤다.

　순간 나는 엎드렸고 그들은 묘 뒤로 숨었다. 불과 50-60m 거리, 그들이 가진 총은 장총 단발이고 내 것은 M1 총 8연발이다. 총의 위력을 믿고 기다렸다. 그들은 다가오지 않았다.

　옆을 보니 가파른 계곡 칡넝쿨(?)로 우거져 있었다. 총을 안고 그 계곡 아래로 미끄럼 탔다. 얼마를 내려갔을까? 그 계곡에는 물이 흐르고 있었고 흐름을 따라 내려가니 계곡 언덕에 허름한 집 하

총을 맞은 것도 하나님의 은혜라!

할아버지가 어깨에 총을 맞지 않았다면, 아마 치열한 전투에서 살아남기 힘들었을 것이다. 많은 학도병이 희생되었고, 특히 할아버지가 참가한 안강·기계 전투는 그중에서도 사상자가 많이 나온 전투로 유명하다.

또 총이 비껴가서 조금 위쪽에 맞았다면 목에 맞아 즉사했을 것이고, 조금 아래에 맞았다면 폐를 관통하여 이 또한 살기 어려웠을 것이다. 만일 학도병에 지원하지 않았다면, 당연히 점령한 인민군에 끌려갔을 것이다. 정말 적당한 때에, 적당한 부위에, 적당한 정도의 부상을 당해, 이렇게 살아남아 너희의 부모님들을 낳을 수 있었고, 너희들도 세상에 나올 수 있었다.

할아버지는 전쟁 때 부상을 당해 국가보훈 대상자가 될 수도 있었지만, 그동안 굳이 알아보려고 하지 않았다. 할아버지가 평소에 다리가 잘 굽혀지지 않아서 바지를 입을 때에도 앉아서 한쪽 다리를 먼저 넣은 다음, 다시 일어나서 나머지 다리를 넣는 방식으로 불편을 겪었지만, 수십 년간 그러려니 하고 참고 사셨다. 그런데 2007년 불편한 다리를 X-ray 촬영해 보니 포탄 파편으로 추정되는 금속 조각이 박혀 있었다. 그 위치가 중요한 혈관이 지나가는 곳이라 제거하는 것이 더 위험할 수도 있다고 생각되어 그냥 두기로 하였다.

이를 계기로 뒤늦게나마 국가 보훈 대상자로 선정되었고, 돌아가시면 국립묘지에 안장할 수 있게 되었다. 얼마나 전투가 치열했었으면 어깨 관통상만 알고, 포탄 파편이 다리에 박힌 것도 모르고 지낼 수 있었을까? 이런 치열한 전투 속에서도 할아버지를 건지신 하나님의 은혜가 놀라울 뿐이다.

이 땅에 전쟁과 같은 비극이 다시는 생기지 않도록 하나님께 기도 드린다.

나가 있었다.

 주변에 우거진 넝쿨 아래 이곳저곳에 보리 밥풀이 묻은 양재기가 널려 있었다. 적군의 야영지라 직감했다. 내가 적군 권내에 들어왔다는 것을 알았다. 그 계곡 끝에 이르자 큰 도로가 눈앞에 보이고 위에서 내려온 물과 내가 내려온 계곡물과 합하여 많은 물이 아래로 흐르고 있었다.

 어디선가 인민군 하나가 나타나 도로 건너편 가파른 산으로 여유롭게 올라가고 있었다. 총을 겨누었다가 그냥 내려놓았다.
 곧 이어서 인민군 10여 명도 천천히 뒤따라 올라가고 있었다. 바로 그때 계곡 둑 안으로 몸을 숨기고 얼마를 기다렸을까? 우리 국군 5-6명이 나타나 물줄기를 따라 내려가고 있었다. 나도 그 뒤를 따랐다.

 강이 나왔다. 자양초등학교 앞으로 흐르는 강임을 알아차렸다. 아하, 내가 지금 어디에 있다는 것도 알았다.
 그 강을 건너자, 느티나무 밑에서 나를 기다리던 위생병이 있었고 곧 나는 다른 부상병과 함께 군 트럭에 실려 영천 어떤 초등학교로 옮겨졌다.

 흰옷 입은 의사와 간호사를 보니 이젠 살 수 있겠다는 생각이 들었다. 그곳에서 치료를 받을 때, 총알이 지나간 구멍에 의사가 '거즈 심지'를 박을 때 어떻게나 아픈지! 그전에는 하나도 아프지 않았는데. 심지어 총 맞았을 때도…

위생병의 안내로 부산 5육군병원 어느 병동^{초등학교}에로 입원했다. 거의 한 달 동안 잘 치료 받고 상처가 아물어 갔다.
그때 나는 도시 중심에 7병동에 있는 사찰^{寺刹}로 옮겨졌다. 그 병동 원장님이 나를 보더니 병원 치료실에서 일하라 했다.
그곳에서 군의관 간호사의 손이 부족했나? 상사들의 지도로 우리가 부상 병사들의 상처를 열고 소독하고 약 가루^{다이징?}를 뿌리고 붕대로 싸맸다. 어떤 환자들에겐 페니실린 주사도 놓고.

그때 부상병들 중에 초등학교 친구^{최완식}를 만났다. 그 친구의 아버지가 당시 국회의원이었는데 이런 곳에서 만나다니… 그 친구 장하고 아주 좋게 느꼈다.
당시 우리가 물러날 수 없는 대구 북쪽 팔공산 전투에서 박격포탄의 폭발로 한쪽 어깨의 살이 패어나갔다. 파상풍 예방주사를 놓고 특별히 정성을 다해서 돌봤다.

당시 5 육군병원 본원에서 위생병 훈련 모집이 있어 지원하여 훈련 받고 위생병이 되었다. 이때부터 11사단 의무대대에서 일하다가 다시 부산 5 육군병원 경남여고 분동에 입원하여 얼마 후에 제대^{1951년 8월}하고 6·25 이전 내 삶으로 돌아왔다.

다시 인돈 교장님의 집에서 아르바이트를 하게 되었고 고등학교 복학도 했다. 인돈 교장님은 자주 시골교회에 지프차를 몰고 가셔서 설교하셨다.

한번은 나를 조수석에 앉히고 시골 교회^{부안군 백산면 화호리 교회?}에 가셨다. 내가 조수석에 앉아 있는 것은 자갈길을 달리다보면 타이어가 펑크가 잘 나는데, 그럴 경우 내가 타이어를 갈아 끼운다.

* * *

그 교회 마당에서 신기한 일이 벌어졌다. 그곳에서 내가 총상 입은 전투에서 짝이었던 노순영이를 만났다.

그때가 1953년 봄인 것 같다. 그때, 순찬이의 소식을 들었다. 1950년 8월 15일 내가 부상을 입은 그 고지에 정순찬과 같은 호에 있다가 박격포탄이 그 근처에 떨어져서… 순영이는 머리에 부상을 입고 얼굴이 피투성이가 되었고, 순찬이는 심한 상처를 입고 신음하고 있었다.

우리나 적군이나 고지를 점령하면, 우선 적군 전사병^{戰死兵}의 주머니를 뒤졌다. 순영이는 얼굴이 '피투성이' 상태에서 죽은 사람처럼 있었다 한다. 적군은 순영이 얼굴에 피투성이를 보고,

"이놈은 머리 맞고 즉사했네."

그 다음 순찬의 주머니에서 시계가 나왔나 보다.

"야, 시계다!"

그리고 탕 탕! 순찬에게 확인 사살의 총소리가 들렸다. 사실, 그 회중시계는 내 것이다. 1949년 크리스마스 선물로 인 사모님으로부터 받은 것이다.

그때가 여름이라 해도 산중 고지대는 추웠다. 순찬이와 나는 몸을 맞대고 온기를 늘 나누었다. 그때 채깍채깍 시계소리가 처량凄凉한 우리 마음을 위로했다. 그 시계 소리가 좋았던지… 순찬이가 가지고 싶어 해서 빌려주었다. 우리가 기습 공격 당한 그날,

'왜 순찬이가 순영이와 짝이 됐지?'
'누가 나를 밀어낸 건지?'
 ……
'참으로 운명은 알 수 없고 신비神秘하기만 하다.'

대구에서의 고학 시절

부례문 선교사 집에서

1954년 2월에 신흥고등학교를 졸업하고, 그해에 대구에서 설립된 기독교대학인 계명대학교 영문과에서 공부하게 되었다. 대구로

저자의 계명대학교 졸업증서이다.
할아버지는 계명대학교 1회 졸업생이시고, 졸업장 번호는 2호이시다.

떠날 때, 인 사모님이 첫 학기 등록금을 주셨다. 나는 영문과를 졸업해서 전주로 돌아와 영어선생을 하고 싶었다.

대학도 마음에 들었다. 영문학계에 영시로 이름 있으신 장기동 교수님, 철학과에 한명수 교수님… 특히 이 두 교수님의 강의를 많이 들었다. 그리고 주일마다 부례문 선교사의 시골교회 전도 프로그램에 참여케 됐다.

내가 전도한 곳은 대구에서 안동으로 가는 국도변에 '다부동'이란 곳이었다. 선배 전도사님이 개척한 교회라 하는데, 교회라기보다는 시골집 '윗방 집회소'였다. 청년 두어 명에 청소년 열댓 명. 내 설교는 주로 성경 이야기.
이곳은 6·25 전쟁 초기 대구방어 전초 기지로, 매우 치열했던 다부동 전투가 벌어진 곳이다. 4년이 지났는데도 그 흔적은 젊은 청소년들 마음에 남아 있는 듯, 참혹한 그때 이야기를 들었다.

1학기가 거의 끝나갈 무렵, 어떤 주일 '윗방 집회소'에 갔는데, 별난 일이 벌어졌다. 그 집 큰아들이 소나무 십자가에 두 팔과 두 다리가 묶여 누워서 신음하고 있었다.
사정을 들어보니, 그 청년이 너무 열광적으로 예수를 믿어 귀신이 들렸단다. 손에 닿는 것은 무엇이고 깨뜨리고 부순다는 것이다.

그래서 그를 십자가에 매달아 눕혀 놓은 것이다.
　나는 바로 대구로 돌아와 부 선교사님과 같이 그곳에 가서 십자가에 매달려 누워 있는 그 청년을 풀어 대구 동산병원에 입원시켰다. 그리고 내가 보호자 역할을 하게 됐다.

　가만히 지켜보니, 병실 안에 무엇이든지 잡히는 대로 집어 던지고 깨는 것이다. 천장에 매달린 전구를 깨려고 슬리퍼를 집어 던지고 침대 매트리스 솜을 끄집어내서 병실 안에 늘어놓았다.

　자기 손에는 아무런 상처 없이 창문 유리창을 주먹으로 깨는데, 귀신이 시키는 것일까? 정말 희한稀罕한 기술이다.
　한번은 오전 수업을 끝내고 오후에 병실에 오니까 야단이 났다. 한 간호사가 나에게 추궁하는 말투로,

"그 청년이 옷을 홀라당 벗고 병실 복도로 돌아다녀서
간호사들이 도망갔어요."

　내 얼굴도 화끈거렸다. 사실, 나도 환자의 거친 행동을 말려야 하니 미칠 것만 같았다. 다행히 스캇 원장 가족이 대천으로 휴가 가는데 도우미로 내가 따라가야만 할 사정이 생겨서 병실 감시는 다른 사람이 맡게 되었다.

한 달 후에 돌아와서 보니, 다 나아서 나를 보고 부끄러운 얼굴로 나를 반겼다.

과거에, 부 선교사님의 사모님은 전주 예수병원 간호사로 일했었다. 미쓰Miss 타 간호사로 통했다. 그 당시, 전주에서 인돈 목사님 댁에 기거寄居하셨기 때문에 부 사모님은 이미 나를 잘 알고 있었고, 대구에서 내가 하는 일을 믿어 주었다.

밤에는 부 목사님 서재에서 공부하면서 숙직을 했다. 한번은 불을 켜고 잠이 들었는데, 도둑이 들어와 내가 잠이 들어있는지 확인하였다. 나도 인기척을 느껴 눈을 번쩍 떴다. 순간 서로 눈이 마주쳤는데, 순식간에 우당탕 도망가 버렸다. 젊은 청년이었다.

대학 여름 방학 때1957년, 나는 대구에서 순천까지 부 목사님과 동행한 일이 있다. 여수 애양원에 가서 한센병문둥병 환자들의 생활 상황을 찍는 일이었다. 미국 선교본부로 보내기 위한 것이었나 보다. 부 목사님은 사진작가 수준이었다.

나는 사진 가방을 메고 졸졸 따라 다녔다. 애양원 언덕에 석조 건물 교회와 진료소 주변에 군데군데 초가집들이 보였고, 씨족 단위로 상당히 큰 집성촌集成村을 이루고 있었다. 주일 예배가 있었는데, 여러 가지 불편한 몸으로 참여하시는 분들이 70-80명 정도로 보였다. 부 목사님은 교회, 개인, 집에서 그들의 활동을 하나도 놓치지 않고 간혹 카메라 플래시를 터뜨리며 사진을 찍었다.

부례문 선교사 Raymond C. Provost, Jr. 1919-1997

1948년 선교사, 사회사업가로 한국에 오셔서 연희전문학교에서 교수로 기독교 문학을 강의하셨고, 타마자(John Van Nest Talmage) 선교사의 딸로 광주에서 태어나 전주예수병원 간호사였던 부마리아(Mariella Talmage Provost)선교사를 만나 결혼하셨다.

6·25 이후 다시 한국에 오셔서 대구선교부로 배치되어 전쟁 고아, 결손가정, 성직자 자녀를 위한 한국장학재단(Korea Scholarship Fund)을 설립해 그들을 지원하였다. 경주 문화중고등학교가 극심한 재정난으로 폐교될 위기에 놓였을 때, 1960년 학교를 인수하여 재설립하고 초대교장으로 취임하였다. 미국 교회의 후원과 각고의 노력을 통해 새 건물을 짓고, 학교를 정상궤도에 올려놓았다. 1960년대 가난해서 공부하지 못하는 경주 청소년들을 후원하였다.

1965년 미국으로 돌아가 미시건에서 목회사역을 하면서도 한국장학재단을 통해 장학사업을 계속하였고, 은퇴 후 노스 캐롤라이나 블랙마운틴의 은퇴선교사 마을로 돌아가 코디네이터로 봉사하고, 아프리카 말라위 학교 후원하는 일을 계속하였다.

제1호 '경주명예시민'으로 선정되었다. 1997년 미국에서 하나님 품으로 돌아가셨고, 부마리아 사모님도 2014년 돌아가셨다. 위 사진은 문화학원 교정에 있는 부 선교사님 흉상이다.

이 일을 수행하기 위하여 우리는 순천 선교사 촌에 있는 인휴 목사님 댁에서 거의 3-4일 동안 묵은 일이 있다. 그때, 서양아이들과 한국아이들이 어울려 소리치며 뛰어노는 것을 보았다. 그중에는 요즘 유명한 인요한 교수님도 있었을 것이다.

한때, 나는 TV에서 인 교수님을 자주 보는 것만으로도 좋았다. '그때는 애들이었는데!'

그의 형제들이 선조들 유진 벨, 인돈 의 뜻을 따라, 사정이 힘들어도 이 나라를 위하여 '북한 결핵요양사업'Christian Friend of Korea 을 시작한 지 오래되었다.

요즘에는 코로나 19로 북한의 국경이 닫혀있는 것 같다. 그들의 도움, 특별히 의약품을 기다리는 사람들을 생각하면 얼마나 마음 아픈 일인가!

> 소망 중에 즐거워하며
> 환난 중에 참으며
> 기도에 항상 힘쓰며
> (롬 12:12.)

CFK 사역은 북한 사업이지만, 생각하면 우리 모두의 사업이다.

그래서 우리가 기도에 항상 힘쓰는 것은 물론, '도움이 되는 일'을 했으면 좋겠다.

스캇Scott 원장님 집에서

1956년 봄부터 나는 동산병원 스캇 원장님 댁에서 아르바이트를 하게 됐다. 주로 그 집에서 밭일하는 일인데, 아저씨 정씨도 나를 도와주셨다. 전주에서 익힌 기술을 마음껏 발휘하였다.

특별히, 양미나리샐러리 재배다. 이른 봄, 고운 흙을 박스에 담아

할아버지를 도와주신 치과의사 Mears 선생님과 미국 조지아 주 애틀랜타에 있는 콜롬비아 신학교 본관 앞에서.

양지바른 곳에 두고 그 위에 씨를 뿌렸다. 씨는 우리나라 상추씨만 하다. 씨가 작아 실패하기 쉽다. 자주 물을 주고 밤에는 덮어주고 낮에는 열어 놓고… 싹이 나고 4-5cm 자라서 날이 따뜻해질 때 밭에 옮겨 심었다. 양미나리가 잘 자라 스캇 사모님이 엄청 좋아하셨다.

대구 선교사 촌에서 소문이 났나 보다. 미국 사람들이 좋아하는 채소지만, 여기에서는 얻을 수 없는 귀한 채소이기 때문일 것이다.

이렇게 자리가 잡히고 공부도 할 수 있어 좋았다.

그 해, 겨울 방학 때 고향 집에 갔다. 어머니와 세 동생들을 내가 돌봐야만 할 처지에 있었다. 어쩔 수 없이 무작정 다 데리고 대구로 왔다.

　당시, 대구시에서 서쪽 끝자락 비산동, 어떤 집 윗방에 월세로 자리를 잡았다. 그리고 어머니는 동생들을 데리고 대구 서문 시장에서 콩나물 장사를 시작했다. 그것도 쉽지 않았다. 본토박이 사람들에 밀려 이리저리 옮기느라 밥 먹기도 힘들어 굶는 때도 있었다. 내 형편을 스캇 원장님 사모님께서 알게 되었다. 그때부터 우리 형편은 달라졌다.

　원장님의 친구 '미어스Mears'란 분이 나를 신학교 졸업할 때까지 돕기로 했다. 그분은 미국 필라델피아 시에서 개업한 치과의사이셨다.

　한번은 근처 서문 시장에서 싸구려 구두를 사 신었는데, 발에 맞지 않아 내가 약간 절면서 걸었다. 스캇 원장님이 내 발을 자세히 들여다 보셨다.

　얼마 후 해외 소포가 나에게 왔다. 구두 한 켤레와 레밍톤Remington 타자기. 그 구두는 미어스 치과선생님이 신던 것이었는데 약간 헐렁해서 내 발에 편하게 맞았다. 그리고 타자기는? '너무 좋아 말로 표현할 수 없는 기쁨이었다.'

　1957년도에 스캇 원장님이 안식년이 되어 가족과 함께 본국으로 돌아가셨다. 그리고 나는 1958년 나는 계명대학을 졸업하고 서울 장로교 신학교 3년제 본과에 진학하게 되었다.

서울 생활
테일러 씨 집에서 스캇 의사 집으로

당시 장로교는 세계교회협의회^{WCC} 가입문제로 합동^{보수}과 통합^{진보}으로 갈라지고 있는 상황이었다. 강의하시는 교수님들도 서로 예민하게 보였다. 결국 둘로 갈라져 통합교단은 광나루 신학교^{장신대}로, 합동교단은 상도동 신학교^{총신대}로 정착하게 되었다.

그러나 내가 신학교 다닐 때에는 아직 두 신학교가 분리되어 정착되지 않은 상태였고, 당시 신학교는 남산 일본 신궁^{神宮} 터에 있었다.

우연한 기회에 전주 예수병원 원장님 크레인^{Crane} 사모님을 만났다. 내가 전주 인 목사님 댁에 있을 때 자주 만난 적이 있어서 나를 잘 알고 있었다. 그 사모님 소개로 테일러 씨 부부 집에서 일하게 됐다. 그들의 집은 장충동 한 민가다. 그들에게는 '앨리스'란 돌이 지난 딸이 있었다. 내가 하는 일은 그 집 별채에 기거하면서 난방관리, 큰 개^{백선엽 장군이 선물한 사냥개로, 개 이름이 'general'이었다} 사육, 이따금 아기 돌보기^{baby sitter} 등등.

테일러 씨는 지프차로 출근하셨는데, 바로 용산으로 갈 수도 있지만 돌아서 나를 남산에 내려 주고 용산으로 출근하셨다. 테일러 씨는 2차 대전과 한국전쟁에서 잘 알려진 맥스웰 테일러^{Maxwell D.}

맥스웰 테일러 장군
Maxwell D. Taylor
1901~1987

1953년 2월 한국전쟁 말기에 벤 플리트 장군 후임으로 미 8군 사령관으로 부임하여 전쟁을 마무리하고, 전후 한국수습과정을 이끌었던 군 행정가이다. 그는 2차 세계대전 막바지에 노르망디 상륙작전에서 미 101 공수사단장으로 부임하여, 독일군이 점령하던 프랑스 후방지역에 직접 낙하산을 타고 공수작전을 펼치면서 용맹을 떨쳤다. 당시 이야기가 2001년 제작되어 스필버그 감독, 톰 행크스 주연으로 유명해진 미국드라마 '밴드 오브 브라더스'로 그려져 많은 사람에게 알려졌다.

한국 부임 전에 미국육군사관학교 교장을 역임하였고, 한국에서 극동군 총사령관으로 영전하였고, 이후 육군 참모총장으로 승진하였다.

왼쪽 사진은 왼쪽부터 전임 밴 플리트 장군, 백선엽 장군, 테일러 장군, 클라크 총사령관. 테일러 장군이 새로 부임한 환영식을 기념하여 찍은 사진이다.

존 F. 케네디 대통령 시절 합참의장으로 임명되어, 로버트 맥나마라 국방장관과 쿠바 미사일 위기에 대응하였다.

대구에서의 고학 시절 * 149

Taylor 장군의 아들이었다.

한번은 테일러 씨와 이야기하다가 내가 대학 시절에 〈TIME〉 주간지 '커버 스토리'에서 읽은 테일러 장군 기사 이야기를 해주었다. 그중 내게 인상 깊어 그때까지 확실히 기억하고 있었던 테일러 장군의 영웅적인 에피소드 하나를 말해주었다.

'연합군이 이탈리아에 침공하기 전, 테일러 장군이 잠입潛入하여 자동차 안에서 이탈리아 군인들의 움직임을 보았다.'

그 이야기에 감동되었는지 테일러 장군의 한 환영 파티에 나를 초대해 주었다. 학생 신분으로 과분한 생각이 들었다.
용산의 어떤 넓은 홀, 앞에서 손님들을 맞아들이는 테일러 장군, 나를 그의 아버지 앞에 데리고 가서 열심히 소개해 주었다. 그리고 나를 데리고 사진을 찍자고 하니까, 테일러 장군은 정중하게 두 팔을 내밀었다. 공식 파티에서 '당연지사'라 그 장면을 기억한다.

1958년 9월경, 안식년에서 돌아온 스캇 의사님의 가족을 서울 연지동 선교사 촌에서 맞았다.
스캇 원장님은 대구에서 세브란스 병원으로 자리를 옮기셨다. 세브란스 병원이 아직 서울역에 있을 때, 건축중에 있는 새 병원

케네스 스캇
Kenneth Munro Scott
1916~2014

미북장로회 소속 의료선교사이다. 선친이 선교사로 봉사하는 중국 칭따오에서 태어났다. 펜실베니아 의과대학을 졸업하고 필라델피아 장로교병원에서 인턴으로 일하다가 간호사였던 아내와 만나 1942년 결혼하였다. 그해 2차 대전에 참전하여 중국, 버마 등지에서 근무하였다. 외과 수련 후 1953년 대구 동산병원에서 근무하고, 1958년 세브란스 병원으로 옮겨 흉부외과 건립에 관여하고, 결핵 퇴치 사업도 실시하였다. 한국에서 10년간 봉사한 후, 인도 펀잡주 루디아나(Ludhiana)에 있는 기독교 의과대학 책임자로 10년간 근무하고, 1974년 노스캐롤라이나로 돌아가 의료, 기독교 활동을 하였다.

애나 스캇
Anna Bicksler Scott
1917~2010

펜실베니아에서 태어나 간호사로 근무하던 중 의사인 남편과 결혼하였고, 남편이 군의관으로 2차 세계대전 참전한 다음, 1953년 남편과 두 아들과 함께 한국에 왔다. 당시 전쟁과 질병의 여파로 소아마비 환자가 급증하였지만, 물리치료나 재활 프로그램이 전무하였다. 1954년 교회세계봉사회의 도움으로 남편이 근무하는 세브란스 병원에 소아마비 진료소를 개설하였고, 세브란스병원이 신촌으로 이전한 직후 1959년 소아재활원(Cripped Children's Center)으로 개편되어 초대 책임자가 되었다. 이것이 세브란스병원 재활의학과의 효시가 되었다. 또 소아재활원에서 치료하는 아이들을 위해 소아재활원 부속초등학교도 설립하였다.

건물 근처에 '소아마비 어린이 치료센터'Crippled Children Center를 개원하셨는데 사모님은 이곳에서 일하게 되셨다.

소아마비 병으로 손상된 힘줄을 잇는 수술은 본원 정형외과 주정빈 교수가 맡았고, 치료 센터에서는 아이들의 입원 상태에서 필요한 운동치료를 하고 매 주일 주 교수님이 와서 아이들을 일일이 진찰했다.

이 병원 운영 책임은 스캇 원장 사모님이 맡았다. 사모님은 간호사 출신이다. 나는 그 사모님 밑에서 비서 역할을 했다. 내 월급은 월드 비전World Vision에서 나왔다.

내 신학교 공부가 거의 끝날 무렵, 이젠 우리 가족들이 살 수 있게 되어 어머니는 동생들을 데리고 서울로 올라와 같이 살게 됐다. 또 나도 연세대 신과대학 대학원에서 공부하고 있었다.

1962년 2월에, 인돈 목사님이 세우신 대전대학에서 나를 교수로 불러 주셨다.

우리 사위와 고향 번드리 여행

 우리 사위가 우리 고향 번드리에 가보고 싶다고 했다. 내가 어릴 때 가난하게 살았다고 하니, 그 주변 환경이 어떤지 궁금하기도 하고, 특별히 내가 믿음으로 자란 그 교회도 보고 싶다고 했다.

 서울에서 우리 고향 가기가 하루 일정으로는 너무 멀어서 2021년 10월 10일 주일 오후에 우리 집에 와서 자고, 한글날 대체 휴일인 11일 아침 일찍 출발했다. 물론 할머니도 동행했다.
 10시쯤 대창리 번드리 마을에 도착했다. 이종사촌 동생 이성춘 장로가 동네 입구에서 우리를 기다리고 있었다.
 이 장로는 자기 집에서 잠시 차를 나누자고 하며 우리를 초대했다. 제수씨와 큰 딸 내외가 기다리고 있었다. 큰 딸과 사위는 처음 만났다. 순간, 부끄럽고 어색한 마음이 들었다.

 '내가 무심한 사람이었구나!'

그럼에도 불구하고 이야기가 자연스럽게 흘러갔다. 역시 친족끼리 피가 흐르나 보다.

큰 딸이 훈훈하게 분위기를 만들어 갔다. 자기가 어릴 때 아버지가 면 소재지까지 피아노 교습을 위해 자기를 데리고 다니셨다고… 자기는 활발하고, 대전에 사는 여동생은 조용한 성격이라고… 우리가 대전에 사는 여동생 신랑 치과 병원에 자주 다니기 때문에 우리는 자주 만난다. 그 여동생은 우리를 만나면 이렇게 부른다.

"큰 아버지! 큰 어머니!"

우리도 큰 아버지, 큰 어머니 느낌을 가진다. 우리 동생은 자기가 열심히 사는 이야기를 한다. 열심히 농사를 잘 지어서 대전 사위 치과 병원 개업할 때 2억을 대주고, 큰 사위에게는 자동차 한 대 사주고, 아들도 매달 도와준단다. 노년에 여유롭고 행복하게 사는 모습을 보니 덩달아 기분이 좋아진다.

사실, 동생도 많은 고생을 했다. 군에서 제대하고 집에 돌아와 곧 결혼해서 아버지로부터 분가 살림을 시작할 때, 논 반 필지^{600평}를 받았다. 절약해서 살며 쌀 계^꽃도 들어서 이렇게 재산을 불렸다. 그 반 필지 땅이 9필지^{10억 가치}로 불어났다. 농촌 살림에서 흔치 않은 경우다.

이렇게 가정과 재물을 이루기까지는 우리 제수씨의 감동적인 이야기가 있다. 우리는 이미 다 알고 있지만, 우리 사위도 알아 공감했으면 좋을 것 같아 나는 그 이야기를 재탕했다.
　우리 제수씨는 전라북도에 서※ 아무개라 하면, 다 알만한 집안 딸이다. 그 귀한 집 딸이 가난한 이성춘을 택했다.

　"내가 시집올 때, 이 사람의 '믿음' 하나만 보고 결혼했지요."

　결혼 초기에, 제수씨가 시집올 때 끼고 온 금가락지까지 팔아 논 사는 데 보탰다고 했다. 우리 어머니로부터 듣고, 감동되어 내가 늘 기억하고 있다.
　또 있다. 우리 제수씨는 새벽기도의 '어머니'이다. 어머니의 그 기도로 큰 딸 가족, 아들 가족, 작은 딸 가족들, 다 잘 자기 일 하고 열심히 산다. 우리 동생 말에 의하면, 동네 사람들이 이렇게 말한다고 한다.

　"이 장로 가족은 누구 하나 걱정 없이 잘 살고 있다."

　내가 추가했다.

　"우리 제수씨의 기도의 능력이야!"

동생 집에서 나와, 내 신앙의 고향인 대창교회로 들어갔다. 나, 할머니, 사위, 이종동생이 교회 강대상 바로 앞 의자에 앉아 머리를 숙여, 내가 작은 소리로 기도 드렸다.

"하나님, 감사합니다.
이 교회에서 믿음으로 저를 자라게 주셔서 감사합니다.

오늘 이 장로, 서 권사, 우리 사위도 함께 했습니다.
그리고 믿음으로 섬긴 저의 육신의 아버지도 기억합니다.
우리 17명 가족들은 우리 아버지의 믿음을 따라
살고자 합니다.
축복해 주세요.

그리고 함께한 이 장로 가족들도 축복해 주세요.
예수님의 이름으로 기도드립니다." 아멘.

교회 바로 옆에 목사관의 현관문을 노크했다. 목사님이 우리를 반갑게 맞아 주셨다. 감사하는 마음으로 봉투를 전했다.

우리 아버지의 흔적을 찾고 싶었다. 교회 예배당도 그 당시는 한옥이었지만, 지금은 벽돌 현대식 건물이다. 전설처럼 우리 아버지의 이야기가 전해지고 있다.

 밤 새벽에 호야로 불을 밝히시고,
새벽종을 치셨다는데…
'호야'는 옛날에 사용하던 석유 유리 등불이다.

　당시 우리 교회 건물이 한옥 예배당이라 하지만, 교회 안의 공간은 150평 정도로 넓었다. 그래서 유리 등불이 6-7개가 있었다. 당시 시계는 부자 집에만 있었다. 우리 아버지는 '닭' 우는 소리만 듣고 일단 교회에 나오셔서, 교회 안에 시계를 보고 종을 치셨다 한다. 그 '종'이 교회 입구에 지금도 보관되어 전시하고 있었다.

대창교회 입구 오른쪽에 1903년 창립 때부터 사용하였던 종이 보관되어 있었다.
세월의 흔적을 말해주듯이 녹이 많이 슬어 있었다. 증조할아버지께서
이 종을 울리셨다는 생각을 하니, 마치 종소리가 지금 귀에 선명하게 울리는 듯했다.

'우리 아버지가 이 종을 치시며 새벽 기도 시간을 알리셨겠구나!' 우리 아버지의 흔적을 찾으니 감격이 밀려왔다.

교회에서 나와 우리가 출발하려 할 때, 이종동생 큰 딸과 사위가 나와, 나에게 봉투 하나를 내밀었다.

"가시다가 식사하세요."

너무 귀한 손길로 인해 또한 감격스러웠다.

제방을 따라 갯벌 주변을 둘러보기로 했다. 이종동생이 차 조수석에 앉아 우리를 제방으로 안내했다. 제방이란 일제가 간척사업으로 드넓은 갯벌에 바닷물을 막고 안에서 농사를 짓기 위해 만든 둑을 가리킨다. 70-80년 전 이곳 기억들이 떠올랐다.

제방 바깥쪽으로는 바닷물이 들어왔다 나갔다를 반복하여 여러 가지 게들이 살기에 알맞은 갯벌 땅이었다. 그곳에서 나는 게를 잡아 우리 집 생계에 보탰었다. 제방 안쪽으로는 긴 수로水路가 있고 논들이 바둑판처럼 아주 멀리 펼쳐졌다. 그 수로를 따라 갈대와 잡초가 자랐다.

그 갈대를 베어다가 말려서 부엌에서 불을 때서 밥도 하고, 온돌방을 데웠다.

할아버지가 어릴 때 농게, 갈게 잡던 갯벌은 새만금 사업으로 바닷물이 더 이상 유입되지 않자, 모두 콩밭으로 변해 있었다. 어릴 때 함께 놀던 할아버지 이종사촌 동생 이성춘 장로님과 같이 서 계신 둑 바로 오른쪽 아래까지 모두 갯벌이었단다.

우리가 제방 입구에 들어서자 제방에 갈대가 무성하게 우거져 있어, 갈대가 차 바닥에 부딪치는 우둑우둑 소리에 마음이 조인다.

"이런 고급차가 이런 곳에 오면 안 되는데"

우리 사위는

"걱정 마세요. 괜찮아요."

어떤 지점에 이르러 우리는 차에서 내렸다. 우리 동생이 손을 내밀어 한 방향을 지시하면서,

"저곳이 형님이 게 잡던 곳이에요."

자세히 보니 모두 누렇게 익어가는 콩밭이다.

'게들이 살았던 흔적이라도 보고 싶었는데! 콩밭이라고?
와, 이게! 이게! 어찌된 일이란 말인가?'
새만금 제방이 생겨 바닷물이 여기까지 들어오지 못한다는 것은 알고 있었지만, 이렇게까지 변할 줄은 몰랐다.

내가 어릴 때 갈대도 흔치 않았었다. 이리저리 찾아다니며 몇 개씩 낫으로 베서 지게 위 바작물건을 올려놓는 반원형 나무로 엮은 그릇에 담았었는데… 지금은 너무 무성해서 제방 둑을 막을 정도다. 그때 나를 지금 생각하니 저절로 나오는 한마디, '너 정말 잘 했어!'
긴 제방에서 서쪽 새만금 쪽을 바라보니 갯벌은 보이지 않고 하늘과 땅이 닿는 지평선만 가물가물하다.

서운한 마음을 뒤로하고, 김제시로 와서 이성진 장로를 만났다. 이성춘 장로의 형이고, 나에게는 이종동생이다. 우리 다섯이 한 식당에서 식사를 함께 했다. 재미있게 이야기들을 나누는 중에 성진 동생이 말했다.

"형님이 대구에서 살 때, 그곳에서 나는 고등학교를 졸업하고, 동생은 중학교를 졸업했어요."

우리 사위가 놀라 나를 쳐다보며,
"그 어려운 중에도 친척들까지 챙겼어요?"

우리 어머니께서 동생들을 고향에서 데리고 와서 보살피셨다. 물론, 동생들이 아르바이트해서 자기 학비는 부담했다. 우리가 대구에서 어려웠던 시절 이야기꽃을 피우는 동안 어느새, 우리 사위는 식사 계산을 끝냈다.

✻ ✻ ✻

이렇게 고향 번드리 기행을 쓰고 나니 한 명제가 떠오른다.

'내가 가난을 자랑하지는 않지만,
숨기거나 부끄러워하지 않는다.'

나의 삶과 일터

우리 흙담집
주 예수 그리스도
진심의 나
내가 만든 소나무십자가를 지고
목사가 거짓말을 해?
주님, 감사합니다
우리 아버지와 나, 나와 우리 아들
우리가 변해야겠다
할아버지가 잘못했다고
감사할 때 눈물이
할머니 눈물이 많아질 텐데
할머니는 할아버지 걱정,
할아버지는 할머니 걱정
나는 뿌리겠다, 나는 심겠다
어머니, 죄송합니다
하나님 마음대로 하세요

우리 흙담집

할아버지 할머니가 어디에 갔다가 밤늦게 집에 돌아올 때, 늘 하는 말이 있다.

"우리 집이 좋아. 행복해!"

2008년 1월 31일목 아침에 우리가 집을 나와 대전 보훈병원에 들렀다가 돌아오는 길에 몸에 이상이 생겨 집에 들어가지 못하고 바로 인하대병원으로 실려 간 것, 다 알고 있지?
 잘 치료 받고 4-5일 만에 집에 돌아오니 감회가 새롭다. 만일, 내가 함께 집에 돌아올 수 없었다면… 할머니는 어떠했을까?
 너희는? '주님, 은혜 감사합니다.'

평소 할머니보다 '감사'가 적었던 나! 요즘 감사하는 마음이 더 풍부해졌다. 지금 살고 있는 우리 집! 젊었을 땐, 상상도 못했던 크고 살기 좋은 집이다. 감사하고 만족하라고 깨우쳐주시는 뜻일까?

✳ ✳ ✳

 어젯밤 꿈에 고향 시골 허허벌판 '번드리 마을', 방 한 칸, 부엌 한 칸짜리 흙담집에 내가 있었다.
 비가 새고 허물어져 가는 그 집을 잘 리모델링해서 나를 도와준 인돈 선교사님을 손님으로 모셨다. 비록 꿈이었지만, 마음이 흐뭇했다.

 이게, 아름다운 추억일까? 요즘, 꿈엔 그 흙집이 자주 보인다. 편리하고 살기 좋은 아파트에 내가 있는 것이 아니라, 그 허물어져 가는 흙담집에서 나의 모습을 본다.
 이것이 내 참 모습일까?

✳ ✳ ✳

내 자신을 지나간 거울에서 본다. '눈빛 빛나는 한 소년을…' 그 소년의 눈빛은 지금 해석해보니 '말씀'에서 왔다.

> 태초에 '말씀'이 계셨다.
> 그 '말씀'은 하나님과 함께 계셨다.
> 그 '말씀'은 하나님이셨다.
> 모든 것이 그로 말미암아 창조되었으니,
> 그가 없이 창조된 것은 하나도 없다.
> 창조된 것은 그에게서 생명을 얻었으니,
> 그 생명은 사람의 빛이었다.
>
> (요 1:1, 3-4)

그 '말씀'은 나의 '이상'이었고, 나의 '생명'이었다. 그 이상으로 내가 만들어졌고, 그 안에 생명도 있다.

따라서 내 이상과 생명은 마치, 식물들이 태양 빛을 향하여 살듯이 나도 그렇게 산다.

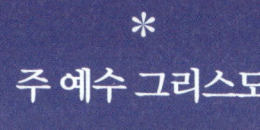

주 예수 그리스도

우리가 홍도동 언덕 허름한 13평짜리 집에서 살면서 선우는 중학교에, 그리고 향우, 동환이, 영우는 성모초등학교에 다닐 때다.

나는 한남대에서 모든 학생을 돌보는 부서^{학생처장}를 맡고 있었다. 1972~76 유신헌법 維新憲法 치하에서 4년 동안

그해, 여름방학 두어 달 전에 나에게 불면증이 생겼다. 유신헌법 치하에서 독재 군정과 민주화 운동을 하는 학생 사이에 끼어 골몰하고 과로, 고통 속에서 그런 증세가 생기지 않았을까?

그 혼란 중에서 상부에서 주동 학생을 처벌하라는 압력이 왔어도, 나는 한 명도 처벌하지 않고 학생들을 지켰다.

그 압력에 내가 못 견뎠는지… 세상에! 잠을 못 자는 것처럼 견디기 힘든 일이 또 어디 있을까? '피곤하면 잠을 잘 수 있겠지'

우리 동네 가운데에 변두리치고 꽤 넓은 길이 있었다. 12시 통금까지 밤에 그곳으로 나가 뛰었다. 그 후에는 집에 들어와 집을

빙빙 돌았다. 피곤에 지쳐 자리에 누워 잠을 청했다. 몸은 피곤한데 정신은 말똥말똥! 몸은 이리로, 마음은 저리로. 나는 혼란 속에서 나에게 애원했다. '잠 좀 자게 해줘.' 내 안의 나는 '안 돼!' 내 안에 또 하나의 나를 실감했다.

극도로 불안하고, 가슴이 뛰고, 피가 머리까지 솟아오르고, 머리가 풍선처럼 펑 터질 것 같은 스트레스! 견딜 수 없었다. 거의 한 달 동안. 대전고 앞 오거리 근처 정신과 병원에서 진찰받고 약도 타다가 먹어봤지만 별 효과가 없었다.

어느 날 저녁, 한밤중에 할머니와 우리 아이들이 곤히 자고 있을 때, 가슴이 터질 것 같은 답답함에 못 이겨 우리 집 밖 밭둑에 나가 수건 공장 언덕에 서게 됐다. 그곳에 서서 대전 시내를 눈 아래로 보게 되었다. 군데군데 가로등이 비치고 그 빛에 간간이 집들이 보였다. 그 안에서 자고 있는 사람들을 생각하니 너무나 부러워서 간절한 마음으로 주님께 빌었다.

'사람들은 다 자고 있는데, 저만 깨어 있어요.'
'저도 재워 주세요.'

순간, 내 마음 깊은 데서 고백이 터져 나왔다.

"주…"
"예수…"
"그리스도…!"

"주!"라고 할 때 뛰던 가슴이 잔잔해지고, "예수!"라고 할 때, 머리에 솟아오른 피가 아래로 내려가고, "그리스도!"라고 할 때 온몸에 피가 골고루 퍼져서 몸이 가벼워지고 머리가 개운해졌다. 불면증이 한순간에, 하나님의 은혜로 치유治癒되었다.

지금도 답답하고 어떤 일에 부딪칠 때면, "주," "예수," "그리스도!"라고 고백한다. 그러면 하나님의 사랑을 느끼게 된다.

✳︎ ✳︎ ✳︎

바울 사도는 자신의 비참한 고통을 다음과 같이 표했다.

**아, 나는 비참한 사람입니다.
누가 이 죽음의 몸에서 나를 건져 주겠습니까?**
(롬 7:24)

하나님의 법과 세상 죄의 법 사이에서 종교적 갈등으로 오는 '고통'이 있다고 했다. 이런 고통에서 벗어나기 위하여 바울은 간절한 갈망渴望이 있었다.

그 갈망이 바로 '주 예수 그리스도'다. 그 갈망을 통하여 그는 구원 받았다. 그리고 알게 됐다. 우리의 삶은 이성으로는 하나님의 법을 따르지만 육체로는 죄의 법을 따른다는 것을…

따라서 '하나님의 법'도 사실이고 '육체의 죄의 법'도 사실이다. (롬 7:25)

이런 류類의 대립은 '현실적'인 문제이다. 우리는 피할 수 없다. 특별히, 바울에게는 이것이 시련이었고 기회였다. 그 후, 더 좋은 글과 업적을 남겨 우리 기독교의 근간이 되고 있다.

진심의 나

나는 1982년 1학기 시작 조금 전에 서울 대광고 근처 '만남의 집'에서 4박 5일 감성훈련 ST, sensitivity training 에 참여한 일이 있다.

사람들이 18명 정도, 20대에서 50대에 걸쳐 남녀 대학생, 교사, 고급 공무원, 대학교수, 주부들… 방 두 칸으로 이어진 큰 온돌방에 모여 앉았다. 다른 사람들의 이야기를 듣다가, 자기 이야기를 하다가 공통의 이야기 거리가 생기면 서로 나누고 이어지고 또 이어지고… 웃다가, 말없이 서로 얼굴만 쳐다보다가… 어찌 보면 싱거웠다. 나는 개인적으로 약간 화가 나다가 억지로 참다가… 이렇게 4박 5일이 이어졌다.

당시 우리 그룹을 주도적으로 이끈 이는 고교 교장 출신의 80대 이승훈 할아버지. 그분이 이 프로그램을 일본에서 배워 왔단다. 그분은 아무 말이 없다가, 이따금 한 마디. 우리 그룹의 모임의 의미를 설명도 하지 않았다. 그럼에도 불구하고 그분이 분위기 만들기에 지금 기억해 보면, 우리가 그분께 왠지 모르게 잡혀 있는 듯했다. 그

그룹 안에는 그분을 돕는 두어 명의 중년 아줌마 헬퍼helper가 있었다. 말하지 않는 사람을 충동해서 말하게 만든다. 그럼에도 불구하고 말을 참았다. 당시 나는 내 입지교목실장를 생각해서 실수할까봐. 또 여자들 앞에서 부끄러움을 잘 타는 나였기에… 그런데, 내가 용기를 내어 모처럼 뭐라 말하려 하는데 한 헬퍼가 내 말을 바로 가로 막았다. 그때, 내 '분'이 폭발하고 말았다. 크게 소리쳤다.

"이게 뭐야? 자존심 상하게!"

떨리고 안절부절 했고, 심장이 마구 뛰고 불안했다. 내 얼굴은 화끈거렸고, 등은 땀으로 흠뻑 적셔 있었다. '이것이 진심의 나였다.' 그러니까 단단한 껍질을 벗고 내면의 '내'가 출산出產한 것이다. 불안과 떨림은 하나의 산고產苦였나 보다. 나에게는 매우 '부끄러운 충격'이었는데, 나를 지켜본 사람들은 좋았나 보다. 4박 5일 ST를 끝내고 마지막 세리머니에 허깅 hugging 하며 서로 받은 인상을 나누었다. 성별, 노소 관계없이 허깅을 했다. 어떤 여대생은 나를 허깅하고 팔짝팔짝 뛰었다. 나의 하얀 진심을 보고나서 마음에 들었나 보다.

집에 돌아오자 그 그룹 여인들로부터 집으로 전화가 자주 왔다. 할머니는 전화하는 여자가 누구냐고 꼬치꼬치 묻고, 나는 ST^{김성훈}련, sensitivity training를 이해하지 못하는 할머니에게 설명하느라 애를 먹었다.

다음 해 봄에 나는 우리 대학 교목실 주관으로 목회자, 고등학교 상담교사15여 명 대상으로 ST 프로그램을 가졌다. 이승훈씨와 그의 헬퍼 두 사람도 내려와서 주관하였다. 기일이 짧아서 내가 서울에서 보여준 것 같은 '충격적인 산고'는 없었다.

비슷한 '산고'가 K 목사에게 일어났다. 대전에서 열정적으로 목회하신 분이다. 얼마 후에 대구 큰 S 교회로 초빙되어 잘 목회하고 계신다.

서울 ST 이후, 나는 사람들의 감동적인 이야기가 좋아서 언젠가부터 감동 이야기를 수집하기 시작해서 꽤 많이 수집하였다. 사람들을 감동케 하는 모든 이야기에는 공통점이 하나 있다.

'그것은 자기 마음에서 우러나오는 있는 그대로의 진심이다.'

내가 만든 소나무 십자가를 지고

우리 대학교가 한 교회 산하 부속기관이 된다고?

2004년 2월 24일 이른 아침에, 이사회에서 새로 임명된 E 총장으로부터 전화가 왔다. 오늘 총장 취임식에 참석을 부탁했다. 시간보다 일찍 가서 보니, 교수협의회 임원들이 앞장서서 구호를 외쳤다.

"총장 취임 반대! 이사장 물러나라!"

사정을 자세히 알아보았다. 이사회에서 일방적으로 총장을 임명하였고, K 이사장님이 섬기는 교회 주보에 우리 대학이 교회부속기관의 하나로 되어 있다는 것이다. 순간, 나는

'우리 대학이 어떻게 세워진 대학인데!'

인돈 선교사님이 이 대학설립을 위해 어떠한 노력을 하셨는지

내가 똑똑히 보았고 경험하였기에 이 사태를 도저히 용납할 수 없었다. 그래서 내가 할 수 있는 일을 다해서 교수협의회 교수님들이 하는 일에 함께 동참했다.

그들과 같이 삭발하고, 매주 교수협의회 주도로 드리는 교직원 수요 예배를 도왔고, 우리 대전노회에 이러한 사실을 알리고, 〈전 교목실장 김은용〉 이름으로 탄원서歎願書를 만들어 내용증명을 붙여 우편으로 K 이사장과 이사 11명에게 올렸다. 원문은 보관중임.

탄원서 주요내용은 다음과 같았다.

"그동안 이사장명성교회 K 목사님께서…
- L 목사님의 이사 재임에서 제외해 버리고,
- 재단 사무처 요원들을 보냈고,

- 이사장과 마음 맞는 L 총장을 임명했습니다.

그 다음은
- 총장을 내세워 대학민주화를 외치는 교수들을 탄압하고,
- 이사님들의 임기가 돌아올 때 마음에 맞는 사람으로 갈아치우겠지요?

지금까지 지나온 과정으로 미루어 보아 미래를 내다보고 있습니다. 우리 한남대학교가 명성교회화明聲敎會化하는 것을 결코 용납하지 않을 것입니다."

결국 하나님의 은혜로 그 위기에서 벗어나 지금은 우리 한남대학교와 한남가족의 정체성이 잘 유지되고 있다.

어디서 그런 용기가 나왔는지? 지금 생각하면 은퇴한 내가 앞에 나서는 것이 좀 '오바'(?)한 것 같아 부끄럽기도 하다.

내가 만든 소나무 십자가

우리 법동 아파트 뒤 계족산 소나무들이 잎에 쌓인 눈을 못 견디며 많이 넘어졌다. 그 해 3월 부활 주일 며칠 전, 넘어진 소나무 하나를 내가 베어서 2m 정도의 십자가를 만들었다.

　부활 주간 어느 날, 한남대 상징탑 앞에서 내가 만든 십자가를 메고 맨발로 걸었다. 내가 경건한 마음으로 앞장을 섰고, 많은 교수님들재임 150여 명 중 70~80여 명?이 뒤따랐다. 성지관 앞을 거쳐 총장님이 계시는 본관 앞을 지나서 출발한 곳으로 되돌아왔다.

　내가 진 십자가는 자진해서 진 십자가이다. 예수님의 십자가와는 전혀 다르다. 그러나 내 삶에 담겨진 이야기에서 나온 나의 진심이자, 대학 설립자 인돈 학장님의 아픔에 동참하는 마음이다.

설레는 마음으로

인돈 목사님은 2차 세계대전 전, 1929년에 신흥학교 교장직을 맡아 6년 동안 혼신의 힘을 다해 이리저리 노력하셔서 마침내 1935년 조선총독부로부터 신흥중학교로 인가를 받았다.

새로운 중학교가 전주에 설립됐다는 것은 전북 기독교계는 물론, 교육계에 큰 기쁨이 되었다. 그 '수고로움'의 공이 사람들의 인상에 각인되어 목사님은 교장님으로 더 많이 알려지신 것 같다.

일제강점 日帝强占에서 1945년 8·15 해방되자, 다음 해 11월에 남과 북이 어수선할 때, 인 목사님은 미국에서 돌아오셨다. 폐교되었던 신흥중학교를 복교 復校시키시고, 다시 교장직을 맡으셨다.
그해 12월에 사모님도 오셔서 당시 여자 성경학교 건물에 자리를 잡았다. 나는 그 집에서 아르바이트하면서 기거하게 되었다. 얼마 후 나도 설레는 마음으로 신흥중학교를 다닐 수 있게 되었다.

기틀이 잡히자 신흥학교 교장직을 한국인에게 넘겨주고, 인 목사님은 지방교회 순회 전도에 나섰다. 그때 나는 자동차 조수로 자주 동행했다.
인 목사님은 기독교 지도자를 양성하기 위하여 기독교대학을

한남대학교당시 대전대학 **건축 감독을 하고 있는 인돈 선교사**

1948년 버지니아에서, 그리고 1956년 동경에서 두 차례 수술을 받으셨고, 건강이 좋지 않은 중에도 1956년 대전 기독학관을 설립하고, 1959년 대전대학으로 정식 인가를 받아 초대 학장으로 취임하여 본관 건축공사를 시행하였다. 이 당시 이미 암세포가 전신에 전이되어 자신의 삶이 얼마 남지 않았음을 아셨지만, 지팡이를 짚고 사명감으로 거의 매일 현장에서 진두지휘 하셨다. 선교사님은 미국 조지아 공과대학(조지아텍)을 수석으로 졸업하신 수재 엔지니어이기도 하고, 인생 마지막으로 주어진 사명으로 여기셔서 아주 꼼꼼하고 철저하게 감리하셨다. 건강 악화로 1960년 6월 학장직을 사임하시고, 차남 유진이 의사로 일하는 테네시주 녹스빌로 귀국하셨고, 2개월 뒤 하나님의 부름을 받으셨다.

대전에 세울 계획을 가지고 계셨다. 1949년에는 대전 오정동에 선교 부지를 매입하게 되었고, 그 안에 대학 캠퍼스가 들어섰다.

인 목사님은 다음과 같은 뜻을 가지고 대전에 대학을 세우신 것이다. '38선이 오래 갈 것 같으니, 남한의 중앙인 대전에 대학을 세우는 것이 좋겠다.'

1956년에 대학 수준 학관學館으로 인가를 받아 초대학장으로 취임하셨다.

한국전쟁 이후 건축자재시멘트와 철근 등가 부족해서 대학 건물을 짓는데 힘들어 하시는 것을 보았다. 국내에서 구할 수 없는 쇠 창틀은 미국에서 수입하고…

당시 문교부로부터 대학인가를 받는 것도 쉬운 일이 아니었다. 1958년경 내가 서울에서 신대원 다닐 때, 대학인가를 위하여 직접 올라오신 인 목사님을 우연히 세브란스 병원에서 만났다.

한 손에 지팡이를 짚고 계셨다. 당시 교무과장 H 교수님과 함께 문교부에 가신다고 하셨다. 지팡이를 짚고 초라하게 걸어가시던 뒷모습을 잊을 수 없다.

드디어 1959년에 문교부로부터 대전대학 인가를 받아 냈다.

조선총독부로부터 신흥중학교를 인가 받은 기간은 6년이 걸렸고, 우리나라 교육부로부터 대학인가를 받은 것은 3년이 걸렸다.

거의 10년 동안을 두 학교의 인가 문제로 고생하신 그 '마음'을 헤아려본다. 인돈 학장님의 한 손자는 우리 대학 예배에 와서 이런 말을 했다.

"우리 할아버지는 당신이 하신 일을 사람들에게 결코 자랑하지 않으셨다. 어떤 일이든, 하나님께 영광만을 위하여 일하셨다."

대학 인가를 받고 학장님으로 취임하고 나서 지병이 악화되어 본국으로 돌아가셔서, 1960년 8월 13일 하나님의 부름을 받아 이 세상을 떠나 하늘나라로 가셨다. 1962년 2월에, 하나님은 나를 우리 대학에 보내주셨다.

나는 은혜에 보답하는 마음으로 열심히 가르치고, 대학에서 시키는 대로 행정업무^{교무위원}를 정성을 다해서 20년 가까이 실수 없이 수행했다. 이것이 나의 십자가 이야기이다.

34년 교수직으로 근무하면서 그렇게 오랜 기간 행정업무를 했다는 경력은, 결코 좋은 일이 아니다. 교수로서는 실패한 교수가 됐다.

목사가 거짓말을 해?

나는 교수로 65세에 은퇴하고 나서 내가 할 수 있는 일은 무엇이고 사양하지 않았다.

왜냐하면, 내가 젊었을 때 특별히 우리 4남매 교육을 위하여 '은퇴 나이까지 살게 해주세요.' 하나님께 기도 드렸기 때문이고, 은퇴 후 나의 삶은 하나님이 주신 보너스 인생이기 때문이다.

한번은 제자들로부터 전화가 왔다. 보고 싶다고!

약속된 시간에 그들은 차를 몰고 와서 나를 고급 중국음식점으로 모셨다. 나오는 음식도 맛이 있었지만 두 졸업생을 만나 지난 이야기며, 누구는 어디서 살고, 무엇을 하고…

나는 마냥 즐거워, 두 제자들의 얼굴을 번갈아 보며 아하! 아하! 입을 벌리고 그들의 이야기를 집중해서 듣고 있었다.

나는 그들의 가정이 궁금해졌다.

"자녀를 몇이나 두었는가?"

S 졸업생은 남매, L 졸업생은 사내 둘, 나는 또 물었다.

"어떻게? 애들 과외공부랑 잘 시키고 있어?"

L 졸업생은 머뭇거리다 어렵게 말을 꺼냈다.

"선생님, 전 이혼 했어요."

그녀는 강원도 면 단위 시골 선생님에게 시집갔다. 나도 결혼식에 간 일이 있다. 시어머니를 모시고 두 아이를 낳아 행복했다.
어느 날부터인가, 머리가 아파 참다가 견딜 수 없어 병원에 가서 진찰해 보니, 뇌종양! 병원에 다니고 큰 병원에 가서 수술을 받고 해서 이리저리 돈이 많이 들어갔나 보다.
시어머니는 저 며느리가 들어오더니 집안에 우환이 생기고 살림이 거덜 난다면서… 결국 밀려나다시피 하여 고향 친정집에 돌아와 병원에서 치료를 받았다.
나는 그 착한 졸업생의 재학시절을 기억하며, 눈물을 흘리며 듣고 있었다.
지금은 다 나아서 정상적인 활동을 하고 있었다. 치료받는 동안 보조 치료식품으로 NONI를 먹은 것이 큰 효과를 보았다고 했다.

그래서 자기는 지금 NONI노니 전도사가 되어서 이곳저곳 강의에 바쁘고 돈도 벌고 있었다. 이게 암 예방에도 좋다고 했다.

나는 우리 아들이 생각났다. 아들은 연구 프로젝트에 참여하여, 기한 내 성과를 내기 위하여 스트레스, 과로 등으로 시달리고 있었다. 발병 예방으로 좋을 것 같아 NONI 한 박스27만 5천원를 사기로 했다.
이걸 사다가 놓고 거의 한 달 동안 고민했다. 할머니와 상의 없이 덜컥 들여온 것이라, 서재 구석에 숨겨 놓고 근처에 사는 딸에게 부탁했다.

"네가 샀다고 해라."

그런데 얼마 동안 생각해보니, 이런 거짓을 꾸미는 것에 딸까지 끌어들이는 것이 좋지 않다고 생각되었다. 나 혼자서 책임지고 해결하기로 했다. 27만 5천원이면 놀랠 테니까 5만원이라 하면 그냥 넘어가겠지!
이야기 할 기회를 찾다가, 드디어 좋은 기회가 왔다. 할머니가 교회 노인부에서 삼천포로 관광 갔는데 분명히 기분 좋아서 돌아올 것이다.

　숨겨두었던 박스를 현관에 내어 놓고, 나는 할머니 오기를 기다렸다. 돌아왔다. 나는 말할 기회를 만들었다.

　"다녀온 곳이 삼천포라고? 나는 못 가봤는데!"

　갈 때 버스 안에 누가 옆에 앉았고? 무슨 이야기를 나누었고? 점심은 무엇을 먹었고? 그러다가 억지로 말을 이끌어냈다. 아들 이름을 대며,

　"동환이에게 주려고, 5만원에 이걸 샀어."

할머니는 가격표를 자세히 들여다보더니…

"5만원이라고? 27만 5천원인데! 거짓말!
목사가 거짓말을 해?"

할머니는 큰 화를 냈다. 아주 큰 화를! 내가 처음 보는 화를!
그리고 밤새 너희들에게 이런 내용으로 편지를 썼다.

며칠 후 할머니가 이 편지를 읽고 감동하여 눈물을 흘리며 하는 말,

"이런 좋은 일이면, 그냥 이야기 하지!"

주님, 감사합니다

4년 전, 어이없는 사고로 아내를 떠나보낸 한 아빠가 엄마를 대신해서 아이를 키우기에 힘들어하는 이야기다.

엄마가 아이를 옆에서 지켜보고 잘못할 때 알맞은 '매'로 키워야 할 텐데! 혼자 키워야 하는 아빠의 마음 아픈 사연이다.

그 아빠의 세 번 '매' 중에서 한 번만 인용했다.

– 첫 번째 매 –
   …
– 두 번째 매 –
   …
– 세 번째 매 –

유치원 졸업을 앞두고 내년에 학교 갈 아이. 글을 다 배웠다고 너무 기뻐하며 저녁만 되면 자기 방에서 꼼짝도 않고 글을 써 대는 것이었습니다. 아내가 없었지만… 하늘에서 아이 모습을 보고 미소 지을 아내를 생각하니 난, 또다시 흐르는 눈물을 참을 수 없었습니다.

그렇게 또 일 년이 흐르고… 크리스마스 캐롤이 흘러나오는데 또 한 차례^{세 번째}, 아이가 일을 저질렀습니다.

회사에서 퇴근 준비를 하고 있는데 전화가 왔습니다. 우리 동네 우체국 출장소였는데 우리 아이가 주소도 우표도 없이 편지 300통을 넣는 바람에, 연말 우체국 업무에 막대한 지장을 끼친다고 화를 내는 것이었습니다.

다시는 들지 않으려 했던 매를 또다시 들었습니다. 이번에도 아이는 변명하지 않고 잘못했다는 소리뿐…

이후 우체국에서 편지 모두를 가지고 와 도대체 왜 이런 일을 했느냐고 물었더니, 아이가 울먹이는 목소리로 하늘나라 엄마에게 편지를 보낸 거라고.

순간 울컥, 나의 눈시울이 빨개지는 것을 느꼈습니다. 하지만 아이가 바로 앞에 있어 울음을 참고 다시 물었습니다.

"그럼 왜 이렇게 많은 편지를 한꺼번에 보냈니?"

그러자 아이는 그동안 편지를 써왔는데 우체통보다 키가

작아 써오기만 하다가, 요즘 들어 다시 재보니 우체통에 손이 닿길래 그동안 써온 편지를 한꺼번에 넣은 것이라고 하더군요. 저는 아이에게 무슨 말을 해야 할지 막막했습니다.
　얼마 후,

　"엄마는 하늘에 계시니까 편지를 써서 불에 태워 하늘로 올려 보내자."

　아이를 위로했습니다. 그리고는 그 편지를 가지고 밖에 나왔습니다. 주머니 속에 라이터를 꺼내 편지를 태우기 시작했습니다.
　그러다가, 문득 아이가 엄마한테 무슨 얘기를 썼을까 궁금해졌습니다. 태우던 편지 하나를 읽어 보았습니다.

보고 싶은 엄마에게!)

엄마 지난주에 우리 유치원에서 재롱잔치를 했어.
그런데 나는 엄마가 없어서 가지 않았어.
아빠가 엄마 생각할까봐 아빠한테 얘기 안 했어.

아빠가 나를 찾으려고 막 돌아다녔는데
난 일부러 아빠 보는 앞에서 재미있게 놀았어.

그래서 날 아빠가 마구 때렸는데도
난 끝까지 얘기 안 했어.

나, 매일, 아빠가 엄마 생각나서 우는 거 본다!

근데, 나,
엄마 생각 이제 안 나, 아니…
엄마 얼굴이 생각이 안 나.

엄마 나 꿈에 한번만 엄마 얼굴 보여줘.
알았지?

이재중, 새벽편지 중에서

1963년 봄, 한 살 된 선우를 할머니가 업고, 전주 외갓집에서 대전에 올라와서 시집살이를 시작했다.

   13평 그 작은 집에서 할아버지, 할머니, 선우, 증조 할머니, 할아버지 동생 내외와 아기. 모두 일곱 식구가 함께 살게 됐다.

   처음에는 할머니와 증조 할머니 사이에 내 월급 사용에 대한 주도권 다툼이 있었고, 적은 교수 봉급으로 밥 먹기도 모자라, 할머니는 식구들의 밥을 푸고, 솥에 물을 부어 물 누룽지로 끼니를 이었다. 당시 우리가 최고로 가난했을 때다.

   그때 나는 학위논문을 쓰고 있을 때라, 자주 서울에 가곤 했지. 한번은 서울에서 밤늦게 돌아와 보니, 할머니가 아파 누워서 신음하고 있었다. 할아버지 동생이 시내로 나가서 택시를 불러와, 내가 할머니를 모시고 시내 한 병원에 입원시켰다.

   의사 선생님은 동행한 할아버지 동생에게 물었다.

"무슨 약 같은 것 드셨어요?"
'무슨 약'이란 농약 같은 것으로 나는 이해했다.

나는 속으로 '말도 안 돼.' 귀 담아 듣지도 않았다.

그러나 의사 선생님이 그렇게 물어본 것은 항문에서 검은 피가 많이 흘러나왔기 때문이라고 했다. 그 정도로 당시 할머니 상태가 매우 심각했다.

그날 낮에, 정석이 할아버지^{할머니 동생}가 사가지고 온 야채 고로케 빵을 2개!

늘 배곯았던 할머니에게, 오랜만에 먹어보는 특별식이라 허겁지겁 드셨는데… 급하게 먹어서인지, 아니면 내용물이 상한 것인지 모르지만, 그만 위중한 식중독이 일어난 것이었다. 위로 아래로 쏟고, 열나고 까부라지고…

그때 나는 겁을 먹었다.

어느 날, 한 아빠가 아내를 먼저 떠나보내고 '엄마 빈자리'를 대신하기에 힘들어하고 마음 아파하는 위의 글을 읽고, 할아버지는 그때 그 일을 다시 생각하며,

"주님, 감사합니다."

할머니가 선우에 이어 향우, 동환이, 영우를 낳고… 모두 잘 자라서 각각 가정을 이루고, 모두 다 잘하고 있으니,

"주님, 감사합니다."

우리 아버지와 나, 나와 우리 아들

70년대 후반, 한번은 우리 대학 출신 우 목사님이 교목실로 나를 찾아왔다. 자기 교회에서 안 목사님을 모시고 부흥회를 가졌는데, 안 목사님은 우리 고향교회 선배 목사님이다. 아주 은혜가 충만했다고 하면서 녹음테이프를 내놓았다.

들어보니, '신쟁이' 우리 아버지 이야기였다.

우리 시골 남포 장날 점심 때, 자전거 수리 점포 앞, 양지 바른 한 쪽에서 구두 고치고, '신' 짓는 도구를 늘어놓고 앉아서 삶은 고구마 하나 앞에 놓고 큰 소리로 상당히 오랫동안 감사 기도를 드렸다고 한다. 미친 사람?처럼 중얼거리는 것 같아 사람들에게 구경거리가 되었나 보다.

그 이야기에서 안 목사님이 전하고 싶은 메시지가 있었다.

"믿음으로 산 김 성배 집사!
작은 일에도 감사하며 살더니만… 그의 후손이 복을 받더라."

 내가 자랄 때, 동네 아이들이 '신쟁이 아들'이라고 놀렸지만, 나는 기죽지 않고 친구들과 잘 지냈다. 그리고 아버지가 일하실 때, 그런대로 잘 살았다. 벼농사도 논 2필지 4천평 하고.

 내가 어렸을 때 사람들에게 좋게 보였나 보다. 내가 학교 가기 전 6-7세 때, 한번은 어머니 심부름으로 아버지 일터 현장 남포장을 가본 일이 있다.

 장터 한쪽 양지바른 곳에 자리 잡고, 신 짓는 연장들을 땅에 벌려놓고 빳빳한 헌 천으로 무릎을 덮고, 그 위에 고무신을 올려놓고 신을 꿰매고 계셨다. 당시에는 신이 귀하고 비싸서, 떨어지면 꿰매서 신었다.

신 짓는 사람은 아버지 밖에 다른 사람은 없었고, 주변에는 여러 가지 물건을 늘어놓고 파는 사람들이 있었다. 이 사람들에게 아버지는 자랑하셨다.

"우리 아들!"

옆에 다른 장사 하는 사람이

"그놈 참, 좋게 생겼네!"

그 칭찬, 지금도 기억한다.

***

우리 부부는 순서대로 딸, 딸, 아들, 딸을 낳았다. 그때만 해도 아들을 선호했다. 할머니는 아들을 낳았다는 것으로 좋아했고, 할아버지는 이 아기가 내 뒤를 이을 '씨'라고 생각하니, 보기만 해도 흐뭇했다. 물론, 지금은 그렇게 생각하지 않는다.

그런데 아들이 아기였을 때, 힘들게 엄마 젖을 빨고 숨도 잘 못

쉬고 얼굴에 땀도 나고… 옆에서 보기에도 안타까웠다.

한번은, 아기가 열이 나서 병원에 가서 의사의 진찰을 받았다. 코 안에 뼈가 솟아나 숨 쉴 공간이 좁아서 입을 벌리고 잔다고 했다. 겨울에 방 안이 건조하면 편도선이 부어 열이 자주 났다. 그런 이유 때문이었는지, 아기는 자주 아파서 열이 났다. 언젠가는 몸이 불덩이 같아, 나는 아기를 안고 버스 타고 이 병원 저 병원을 찾아다녔다.

당시 처음 나온 마이신을 맞고 약을 타다 먹이면, 철들은 아이처럼 잘 받아먹었다. 그게 내 마음을 더욱 아프게 했다. 그 어린 아기가 무엇인가를 알고 있는 듯했다. 밤에 잘 때 꼭 내 옆에서 재웠다. 한 살 터울 아기 영우는 할머니 옆에. 아기가 좁은 코를 통해서만 숨을 쉬려고 하니, 얼마나 힘들까?

"컥, 컥, 컥…"

할아버지의 마음을 송곳으로 콕콕 찌르는 것 같았다. 어떤 때에는 내 손가락을 아기의 입에 넣어 억지로 입을 벌려서 숨을 쉬게 해주곤 하였다. 할아버지가 할 수 있는 건, 그것 뿐! 얼마나 마음 아팠는지? 때때로 주님께 간절히 기도 드렸다.

'주님, 우리 아기가 너무 힘들어 합니다.
그 고통을 차라리 제게 주세요.'

그 후, 아기가 커 가면서 점점 좋아졌고… 5살이 되던 해 세브란스 병원 전문의에게 코 수술을 받고 건강하게 되었다.
그 아기가 잘 자라서 할아버지 할머니 걱정 시키지 않고 자기 일 잘하고 있으니, 이것이 우리에겐 하나님의 은혜이고 기적이다. 늘 감사하는 마음으로 산다.

나는 우리 아들에게 전화할 때 말한다.

"우리 아들!"

우리 아들도 나에게 전화할 때 말한다.

"아들이에요!"

이런 말이 오고 갈 때마다 우리는 '행복하다' '행복하다' 하기보다는, '하나님의 축복입니다' 하고 싶다.

우리는 하나님께 감사, 또 감사드리며 산다.

우리가 변해야겠다

2008년 2월 초, 인하대 병원 MRI 부츠에 들어가는 순간, 내가 정상적으로 두뇌 활동을 할 수 있을까? 그럴 수 없다면, 살아야 할 의미가 있을까?

정성을 다하여 손자 손녀를 위하여 남은 삶을 다 할 때까지 내게 주어진 사명으로 알고 돕고 싶은데… 정신이 흐려지고 말이 둔해진다면 그런 게 가능할까?

인하대병원에서 잘 치료되어 퇴원한 후 지금, 이렇게 글을 쓸 수 있다는 것!

'기적이다!'

대전에서 인천에 이르기까지 진행된 모든 과정이 하나님께서 직접 하신 일처럼 느낀다. 지금, 하나님이 더 친근하게 느껴지고 마음도 편안하고…

'내가 변하고 있구나!'

너희가 어제 설날에 할아버지 할머니에게 세배할 때 내가 한 말이다.

"고맙다. 앞으로 우리가 건강을 위하여 더 조심조심할 것이고, 우리가 변해야 되겠다."

하늘나라가 그렇게 멀게 느껴졌었는데, 이제는 가깝게 느껴진다.

"더욱 우리가 변해야 되겠다."

'조심조심' 한다는 것은 우리를 위한 것도 되지만, 너희를 위한 것도 된다. 우리가 너희에게 부담되면… 걱정이다.

'내가 변해야 되겠다'는 생각은 ELT김성훈련 프로그램을 진행할 때 자주 인용된 한 묘비 글에서 왔다.

내가 젊고 자유로워 상상력의 한계가 없을 때,
나는 세상을 변화시키겠다는 꿈을 가졌었다.

좀 더 나이가 들고 지혜를 얻었을 때,
나는 세상이 변하지 않으리라는 것을 알았다.
그래서 시야를 약간 좁혀서
내가 살고 있는 나라를 변화시키겠다고 결심했다.
그러나 그것 역시 불가능한 일이었다.

나는 황혼의 나이가 되었을 때
마지막 시도로,
나와 가까운 내 가족을 변화시키겠다고 마음을 먹었다.
그러나 아무도 달라지지 않았다.

이제 죽음을 맞이하기 위해
누운 자리에서 나는 깨닫는다.
만일 내 자신을 먼저 변화시켰다면,
그것을 보고 내 가족이 변화되었을 것을…

또한 그것에 용기를 얻어
내 나라를 더 좋은 곳으로 바꿀 수 있었을 것을…

누가 아는가?
세상까지도 변화되었을지도!

〈영국 웨스트민스터 대성당 묘지 구역 안에 한 주교의 묘비 글에서〉

✳ ✳ ✳

내가 변해야 되겠다고 생각하고 결심한다고, 변화되는 것이 아니다. 우리 마음 전체가 변화되어야 한다.

우리 마음의 구조는 두 가지 측면이 있다고 한다. 하나는 경험의 측면이고, 다른 하나의 측면은 개념의 측면이다. 여기에서 우리의 상상력想像力이 나온다. 앞의 경험의 측면에는 그동안 경험한 것들이 단위별로 과거에로 축적된다고 한다.

어떤 우연한 일이 생겨 위급하고 고통으로 당황할 때, 과거에 축적된 기억들에서 대응할 항목을 찾을 것이다.

나의 경우, 지난해 내 허리에 금이 생겨 너무너무 고통스러울 때, '잘못되면 내 인생은 끝나는 것일까?' 이때, 나의 변화 즉 '획기적 계기'가 떠올랐다. p.169 참조

"주, 예수, 그리스도!"

나의 이런 고백에도 그때처럼 기적은 없었다. 그러나 고통에서 벗어날 수 있는 '비전'은 있었다. 그 비전이 나의 '상상력'이다.

이런 상상력은 앞의 경험 측면에 대비된 개념 측면이다. 그 개념

적 측면에서 나의 상상력은 이 시간 세계를 넘어, 하늘나라에까지 올라간다.

그리고 다음 이야기를 만들어낸다.

하나님 아버지는 내 고통을 돌보시기 위하여, 그의 아들 성자를 이 세계로 보내셔서 내 고통에 동참하신다.

그런 의미에서 하나님은 나의 고통의 동반자 fellow sufferer 이시다.

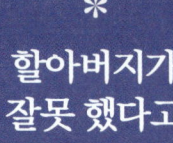

할아버지가 잘못 했다고

내가 서울에서 모임이 있어 갔다가 막내딸네 집에 들렀다.

"아이들이 방학을 했으니 인성교육을 부탁해요. 아빠!"

당시 나이 70대 후반 할아버지가 10대 손녀 중학생, 초등학생을 데리고 마음 나누기를 하기로 했다. 수련 장소는 여름휴가 겸, 백암 한화 콘도로 정했다. 내가 백암까지 운전하기에 길이 너무 멀어, 우리 큰사위가 운전하고 현장에서도 수련 프로그램을 도왔다.

주제는 '나는 누구인가?'

진행 과정은 MBC 베스트 드라마 한 편을 보고, 내가 만든 수련 내용을 설명하고, 주제에 따라 제기된 질문을 중심으로 '마음 나누기'를 했다.

그들의 반응은 생각보다 좋았다. 수련을 끝내고 '소감문'을 쓰게 했다.

첫째 아이:
"엄마한테 가기 싫다고 했는데… 수련을 하고 나니 지금 소감문을 써서 글쓰기 실력도 늘고 참을성도 는 것 같다."

둘째 아이:
"목표가 없는 사람은 삶의 의욕이 없고 자신감도 없다. 사람은 목표를 세우는 것과 어려운 환경을 극복하려는 의지, 자신감도 중요하다고 생각한다."

셋째 아이:
"마지막으로, 나는 행복을 얻는 사람, 곧 목표를 이룬 사람으로 다른 사람에게 더 큰 행복을 나누어 주고 싶다. 할아버지처럼… 그리고 나는 더 힘찬 삶을 살아서 내 후예들도 더 행복해지길 빈다. '이게 사람의 욕심인가?' 하는 생각이 든다."

대전에 돌아와 얼마 동안 손자 손녀들과 함께 했다.

한번은 식탁에 둘러앉아 식사하며 이야기하는 중에 백암수련에서 있었던 이야기가 나왔다. 손녀 둘, 손자 하나의 수련이었는데, 둘이 마음 나누는 동안 나머지는 늪고 둥글둥글…

어른들 앞에서 버릇이 없다고 할까? 물론 여러 번 주의를 주었지만 한 귀로 흘리고 넘어갔다. 비록 식사자리라 하지만 그때가 기회라 생각하고 따끔한 훈계로

"너희가 그렇게 하면 엄마가 욕먹는다."

손녀 중에 큰 애가 화난 표정을 하고 수저를 놓고 방으로 들어가 버렸다. 식탁의 분위기는 무거웠다. 잠시 후, 나는 그 방에 들어가 큰애를 안고

"할아버지가 잘못했다. 네가 엄마를 그처럼 사랑했구나!
이제, 네 마음을 알았다."

손녀는 울음을 터뜨리고 내게 달려와 안겼다. 나도 그 애를 안고 눈물이 나오는 얼굴을 한쪽으로 돌렸다. 할머니는 '야단'이다.

"할아버지가 손녀에게 무조건 잘못했다고!
그게 무슨 훈육이야?"

　할머니의 '야단'은 할머니 할아버지 세대 수준에서 이야기일 것이다. 또한, 애들은 애들 수준의 이야기가 있다. 그럼에도 불구하고 우리는 할아버지와 손녀들의 이야기가 소통이 됐다. 이것은 보통의 일은 아니다.

　앞으로도, 가족끼리 소통의 좋은 프로그램이 개발되었으면 좋겠다.

- 내가 만든 감성적 지능 5가지 훈련 항목은 다니엘 골만$^{Daniel\ Goleman,\ 1946\sim}$에서 참고했고,
- 또 내가 만든 소통의 방법은, 칼 로저스$^{Carl\ Rogers,\ 1902\sim1987}$ 만남의 그룹$^{encounter\ group}$에서 인용했다.

위의 훈련 항목과 방법이란 관점에서 볼 때, 비록 우리 프로그램이 희미했지만, 아이들이 '참을성'과 '목표'를 의식하도록 하는데 좋았던 것 같다.

나도 배운 것이 있다. 어떤 시인의 말대로,
'어린이는 어른의 아버지이다.'

감사할 때 눈물이

대전에 사는 우리 고향 친구들의 향우회가 있다. 그 향우회 회장님 P씨와의 이야기이다. 그분은 미국 서부 버클리에서 물리학으로 학위를 받고 국내에 돌아와 원자분야에 공헌한 과학자이다. 2년 전에 돌아가셨다.

P씨에게 내가 전도했지만 우리 교회에 한 번 나와 보고, 그 후엔 나오지 않았다.

P 회장이 돌아가시기 전, 내가 운전할 때 거의 2년 동안 다른 P씨와 같이, 우리 셋에서 거의 일 주일에 한 번 정도 점심 식사도 하고 영화도 보고… 어떤 때는 대전 주변 명소를 찾아 걷고 이야기를 나누었다.

이야기 화제話題와 유도誘導는 P 회장이 주도했다. 과학, 종교, 신문 기사, 주식, 고향 이야기…

초등학교 동창회 모임으로 서울에 갈 때, 나와 동행할 경우엔 언

제나 느린 '무궁화호'를 탄다. 가고 올 때, 이야기를 길게 하기 위하여. 그런데 4시간 동안 거의 혼자서 이야기한다. 내가 잘 들어주니 더욱 신나서 한다.

자기가 옳다고 주장하는 것은 쉽게 접지 않는다. 특별히 성경에 나오는 기적들을 못 믿겠다고 했다. 나하고는 입장이 다르지만 정면으로 부딪칠 마음은 없었다. 왜냐하면 기적은 합리적으로 설명할 수 없기 때문에.

다행스러운 것은 그가 종교를 부인하지 않았다. 교회에 나간 적도 있고 관심도 있어 왔다고 했다. 이야기 중에 내가 물었다.

"울어 본 적이 있는가?"
"없는데…"
"아, 있다!"

자기 집에 강아지 한 마리. 15년 동안 정이 들었는데 얼마 전 이 개가 집 밖에 나갔다가 큰 개에게 물려서 다 죽어가고 있었다. 동물 병원에 안고 갔더니 살릴 수 있다고 해서 입원시켰다.

며칠 후 살아 있거니 하고 찾으러 갔는데 죽어 있었다.

'그때, 눈물이 찔끔!'

그는 죽은 강아지를 아무데나 묻지 않았다. 35만원이나 들여서 화장해서 '개 장례법'으로 잘 보냈다. 이어서 무심코 흘리는 말,

"얼마 전에 우리 형이 돌아가셨는데,
그때는 눈물이 하나도 안 나왔는데?"

✱ ✱ ✱

사람의 '눈물'이란 알 수 없다. 기뻐도 울고 슬퍼도 운다. 할아버지는 어른이 되어 우리 어머니(증조 할머니) 돌아가셨을 때 울고, 그 전에 전주 이모부 돌아가셨을 때 울고… 그 외에는 별로 운 적이 없는 것 같은데?

그러나 감사할 때는 눈물을 자주 흘린다. 내 삶을 돌이켜 보면, 너무너무 감사해서.

하나님께서 나에게;
좋은 분들(선교사)을 만나게 해주신 것에 감사의 눈물을 흘리고,
6·25 전쟁 중에 나를 살려주신 것에 감사의 눈물을 흘리고,

계속 공부할 기회를 주신 것에 감사의 눈물을 흘리고,
학생들을 가르치는 일을 주신 것에 감사의 눈물을 흘리고,

우리 17명 가족의 건강과 안전을 지켜주신 것에
감사 기도 드릴 때 눈물을 흘린다.

할머니 눈물이 많아질 텐데

어떤 할아버지와 할머니가 이웃한 남자병실과 여자 병실에 따로 따로 입원해 계셨다.

그러던 어느 날, 갑자기 할머니의 상태가 안 좋아지셔서, ICU중환자실로 옮겨졌고 의식이 떨어져가는 할머니의 손을 어루만지시며 눈시울을 붉히시는 할아버지.

다음날 아침, 할머니는 다행히 깨어나셨다. 말씀도 잘 하시던 시간…

할아버지는 할머니 상태를 확인하고 밥 먹으러 식당으로 가던 나담당 의사를 붙잡고, 보청기를 낀 채로 내 설명을 한마디도 놓치지 않고 들으시려고 애를 쓰셨다.

"할아버지! 할머니 좋아지셨어요."
"걱정 안하셔도 돼요."

그 말에 내 손을 꼭 부여잡으시면서 되뇌셨다.

"감사합니다, 감사합니다…"

그 후로 수일간, 할머니는 아직도 중환자실에서 상태 관찰 중(close observation)… 할아버지는 오늘도 매점에서 과자며 음료수며 아이스크림 등을 사서 두 봉지에 나눠 담고는 간병인들에게 한 봉지, 간호사들에게 한 봉지, 미안하다는 듯이 슬그머니 내려놓으신 후 떨리는 발걸음을 할머니 앞으로 옮기셨다.

그런데, 조용히 주무시고 계신 할머니가 숨을 거둔 줄 잘못 아시고는 어찌할 바를 모른 채, 다급하게 할머니 이름을 목 놓아 부르며 통곡하셨다.

옆에 조용히 다가가

"할머니 피곤하셔서 주무세요."
"걱정하지 마세요."

할아버지는 너무 격해진 울음을 쉬 거두지 못하셨다.

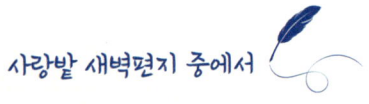
사랑밭 새벽편지 중에서

위 할아버지의 통곡을 생각하니, 미래에 언젠가는 맞게 될 내 모습을 그려 본다. 실제로, 할머니가 숨을 안 쉬고 누워있다고 생각만 해도… 눈물이 난다.

내가 할머니하고 결혼할 때, 직장도 집도 없이 할아버지는 가난했다. 겨우 아르바이트 하면서 대학원에 다니고 있었는데… 할머니의 적극적 구혼으로 결혼이 성사됐다.

선우는 외갓집에서 낳고, 1년 후에 할머니는 학교 교사를 그만두시고, 선우를 업고 대전에 오셔서 홍도동 허름한 부흥주택에서 살면서, 향우, 동환이, 영우를 낳으셨다.

할머니는 가난한 나를 만난 것을 후회하지 않고, 경제적으로 고생하며 살면서도 하나님의 은혜로 나를 잘 만났다고 감사하며 새벽마다 교회에 가서 나와 너희들을 위하여 기도하셨다.

내가 그렇게 좋은지? 처음 나를 만나자마자 할머니는 나를 좋아했단다. 결혼해서도 지금까지 변함없이 왜 그렇게 좋은지! 너무나 뜨겁게 사랑한단다. 마치 시집 못간 올드미스 old miss 처럼 말이다. 가끔 우스갯말로 말한다.

"당신 사랑의 온도가 너무 뜨거워 '델 것' 같아!"

우리가 풍족하게 살지는 못했지만, 할머니는 너희를 위하여 열심히 살면서 행복했다.

할아버지 할머니, 너희 아빠 엄마, 너희들, 3대에 이르기까지 17명의 대가족을 이루고 무탈無頉하게 지내왔다. 할머니의 기도와 사랑의 능력이라 믿는다.

요즘 할머니에게 큰 걱정이 있다. 혈압이 높아 할머니가 먼저 천국에 가시면, 할아버지는 어떻게 살까 걱정하신다.

나도 걱정을 한다. 내가 이 세상에 없으면, 할머니의 눈물이 많아지실 텐데…

어떻게 하면 좋으냐?

할아버지와 할머니는 1960년 4월 20일, 전주 남문교회에서 그 교회 담임목사이신 이혜영 목사님 주례로 결혼하셨다. 할머니의 이모가 인돈 목사님 동네에 살았는데, 이종 오빠의 교회친구인 할아버지를 알게 되었고, 이모의 소개로 만나게 되었다. 당시 할아버지는 세브란스 소아마비 치료센터에서 아르바이트 하던 중이라 서울과 전주 원정데이트를 하다가 결국 혼인이 성사되었다.

✱ 할머니는 할아버지 걱정, 할아버지는 할머니 걱정

스코틀랜드 던디 근처 어느 양로원 한 병동에서 홀로 외롭게 살다가 세상을 떠난 어느 할머니의 소지품에서 나온 시문이다.

간호사 아가씨들, 당신들 눈에는 누가 보이나요?
제가 어떤 모습으로 보이는지를 묻고 있답니다.
당신들은 저를 보면서 대체 무슨 생각을 하나요?
……
저는 스무 살의 꽃다운 신부랍니다. 영원한 사랑을 맹세하면서 콩닥콩닥 가슴이 뛰고 있는 아름다운 신부랍니다.
……
어느새 노파가 되어버렸네요. 세월은 참으로 잔인하네요. 노인을 바보로 만드니까요. 몸은 쇠약해가고…

　우아했던 기품과 정열은 저를 떠나버렸어요.
　한때 힘차게 박동하던 내 심장 자리에 이젠 돌덩이가 자리 잡았네요.
　하지만 아세요?
　제 늙어버린 몸뚱이 안에 아직도 16세 처녀가 살고 있음을. 그리고 이따금씩은 쪼그라든 제 심장이 쿵쿵대기도 한다는 것을!

젊은 날들의 기쁨을 기억해요.
젊은 날들의 아픔도 기억해요.

그리고 이젠,
사랑도 삶도 다시 즐겨보고 싶어요.

지난 세월을 되돌아보니,
너무나도 짧았고
너무나도 빨리 가버렸네요.

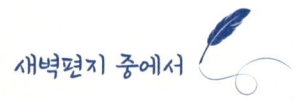
새벽편지 중에서

앞 할머니의 시문은 우리를 보는 것과 같다.

우리가 사는 22층에서 엘리베이터를 타고 내려올 때, 간혹 아기 엄마가 안고 있는 아기를 본다. 어떤 아기는 울려고 삐죽거리고, 어떤 아기는 고개를 돌린다. 내 머리가 희고 늙은 얼굴이라서 그런지…

어떤 때는 그런 경우가 일어날까봐 내가 먼저 고개를 돌리기도 한다. 어떤 특별한 때는 아기가 나와 눈을 마주보고 웃는다. 마치 어린 천사를 보는 느낌이다.

우리 아파트 우리 라인에는 대부분 젊은 부부가 살고, 늙은 부부는 두 가정인데, 내가 90대 초, 엄마가 80대 후반에 있다. 우리 모두는 10대, 20대, 30대, 40대, 50대… 누구나 그런 비슷하고 다양한 과정을 겪는다.

그러나 한 가지 우리에게 공통된 과정이 있다. 즉 할머니의 암울暗鬱한 날이다. 암울한 날이 다가오고 있어요. 남편이 죽었거든요. 홀로 살아갈 미래가 두려움에 저를 떨게 하고 있네요.

어떤 할아버지나 할머니도 한날한시에 같이 돌아가실 수 없다. 누군가는 홀로 암울한 날을 보내야 한다.

그래서 할머니는 할아버지 걱정, 할아버지는 할머니 걱정…

그러나 우리에겐 소망이 있다. 하늘나라에서 만남의 기쁨이다.
그럼에도 불구하고 내가 먼저 가면,

'할머니는 어떻게 살지?'

큰 걱정이다.

나는 심겠다, 나는 뿌리겠다

지난 봄[10여 년 전], 우리 교회 앞 빈 땅 300평 정도를 얻어 감자, 고추, 케일을 심었다.

다 잘 되었다. 감자는 지난 6월 중순경에 캐서 이웃과 아는 사람들과 나누고, 우리 집에는 아직도 많이 남아서 거의 매일 먹고 있다. 문제는 그 감자밭을 두어 달 그대로 두었더니 여름 장마에 풀이 자라 갈대밭처럼 되어버렸다.

그곳에 가을 무와 '알타리 무'를 심으려고 기다렸는데! 잡초가 그 자리를 메우고 말았다. 힘들게, 풀을 다 캐어내고 근처 농부에게 부탁해서 농기계로 밭을 갈았다.

밭 한가운데에 길을 내고 한쪽에는 가을 김장 무를 심었다. 다른 한쪽에는 알타리 무를 심어 가을에 총각김치를 담아 '아들, 딸들의 집에 보낸다!' 이런 생각에 할머니는 부풀어 있다.

할머니가 한쪽 밭에 골을 내고, 그 작은 씨를 하나하나 일정한 거리를 두고 심고 있었다.

할아버지는 씨를 심는 것을 처음 봤다. 해는 쨍쨍하고 더운데! 너무 답답해서 약간 화가 난 어조로,

"아니야, 씨를 뿌려야지!"
"그게 뭐야? 난 그런 건 처음 봤네!"

감정 섞인 말을 주고받고… 결국 싸움이 벌어졌다.

할아버지는 "나는 뿌리겠다."
할머니도 "나는 심겠다."
서로 겨루다가… 할아버지는 그곳을 떠났다.

"어디 혼자 해봐!"

나는 케일밭 사이로 들어가서 엎드려 땀을 흘리며 손으로 풀을 뜯었다. 한 시간이 지났을까? 풀을 거의 뜯어갈 무렵, 할머니가 씨를 다 심고 나타났다.

"어머, 당신 여기 있네!"
"어디로 가버린 줄 알았는데!"

한순간에 싸웠던 감정은 풀어졌다. 그러나 누가 옳았는지 의문은 남았다. 할머니가 씨를 뿌리고 8월 26일, 다음 그 다음날 28일 비가 왔다. 또 주일 날 30일, 그날도 비가 내리고 있었다.

우리가 교회 안으로 들어가기 전에 할머니가 심은 무가 어떻게 되었는지 내다보았다. 파란 애기 무가 일정한 거리를 두고 나란히 올라오고 있었다. 우리 교회 목사님도 감탄하셨다.

"어떻게 저렇게 잘 심으셨어요?"

나는 순간, '내가 졌구나!' 할머니가 이긴 것은 '경험'에서 왔다. 지난해, 우리 집 근처 밭에 할아버지가 뿌린 무 씨가 너무 많이 나서 솎아내는데 힘들었다 한다.

할머니는 여기에서 얻은 '경험'을 가지고 씨를 심었다.
  • 생각만으로 '씨 뿌림'을 주장한 할아버지를
  • 경험으로 '씨를 심은' 할머니가 이겼다.

우리가 어떤 때는 '생각'으로 '경험'하려 하고, 또 다른 때는 '경험'으로 '생각'하기도 한다.
지금까지, 나의 학문적 배경은 지난 '경험'을 토대로 하는 '생각'이었는데. 그럼에도 불구하고 왜 내가 씨 뿌리는 생각만을 주장했는지. 이것은 상식常識도 아니고, 몰지각沒知覺이나 고집固執일 것이다. 고집이란 국어사전에 의하면, 자기의 의견을 바꾸거나 고치지 않고 '굳게 버팀' 또는 그렇게 '버티는 성미'라고 한다. 할아버지가 이런 고집쟁이 '성미'도 아니고, 나도 나를 알 수 없구나.

나는 예수님의 마음을 품고 살려고 한다.

> 여러분 안에 이 마음을 품으십시오.
> 그것은 곧 그리스도 예수의 마음이기도 합니다. (빌 2:5).

예수님의 마음이란,

> 자기 일만 돌보지 말고, 서로 다른 사람들의 일도
> 돌보아 주는 것으로 해석한다. (빌 2:4)

내가 이런 마음으로 살다가도,

"아이고, 생각하고는 금방 잊어 먹어."

어머니, 죄송합니다

예전에, 먹을 것이 부족해서 사람들이 살기가 어려울 때, 밥만 축내고 노동력이 없는 노인들을 70세가 되면, 산에 내다가 산 채로 묻는 일이 있었다 한다.

이런 관습이 고려시대에 있었다고 해서 '고려장'이라 한다. 그러나 실제로 이런 제도가 있었는지 고고학적 증거는 없다고 한다.

어느 시골 마을에 김씨 가문이 살았다. 그의 어머니가 꼭 70세가 됐다. 고려장이란 국법이 엄하고 노인 수발을 드는 일도 힘들어 그의 부부는 기다렸다는 듯이 노인을 산에다 묻기로 했다.

김씨는 헛간에서 헌 지게를 꺼내 어머니를 지게 위에 올렸다. 노인은 상황을 짐작하고 아들이 시키는 대로 아무 말 없이 앉아 아들 몰래 눈물을 흘렸다.

김씨가 그 지게를 지고 산 밑에 다다랐을 때 저만치에서 있던 아들이 보고 반가워서 뛰어왔다.
지게 위에 탄 할머니를 보고

"할머니는 참 좋겠네요?"

손자의 말에 할머니는 더욱 서러운 눈물을 흘렸다.

"할머니가 너무 좋으셔서 눈물까지 흘리시네."
"이 녀석아…"

아버지는 아들을 불러서 버럭 소리 지르고, 산 속으로 들어갔다.

"너, 집으로 돌아가지 못해?"

'이상하다. 왜 할머니를 짊어지고 산속으로 들어가지?' 아들은 몰래 아버지의 뒤를 밟았다.

 이윽고 깊은 산중에 이르자, 김씨는 할머니를 지게에서 내려놓고 구덩이를 파기 시작했다. 깊은 구덩이가 만들어지자 김씨는 노인을 그 안에다가 밀어 넣었다. 바로 그때, 아들은 가슴이 철렁 내려앉았다.

 "할머니를 구덩이에 넣으면 어떻게 해요? 힘이 없어서 올라오지도 못할 텐데!"

 아들이 집으로 돌아간 줄로만 알았던 아버지, 당혹스러웠는지 말을 더듬었다.

"이, 이 녀석이, 집으로 가라고 했더니…"
"어서 할머니를 꺼내 주세요?"
"안 된다."

나라 법이 노인들은 이렇게 땅에다 묻도록 되어 있다고 설득하려 했지만, 아들은 들으려 하지 않았다.

"어서 가자"

아들을 앞세웠지만 더 이상 대꾸하지 않고 뒤로 물러서서 아버지가 지고 온 지게를 짊어졌다.

"지게는 버려도 되니 그냥 두고 가자."

아버지가 말하자, 아들은 아버지를 똑바로 쳐다보면서 말했다.

"아니요. 이 지게는 또 쓸 데가 있어요. 나중에 아버지가 할머니 나이가 되면 제가 이 지게에다 아버지를 짊어지고 이곳으로 와야 하잖아요?"

이 말에 아버지는 정신이 번쩍 들었다.

'아, 내가 잘못했구나!'

아버지는 크게 뉘우치고 할머니를 구덩이에서 꺼내 집으로 돌아왔다.

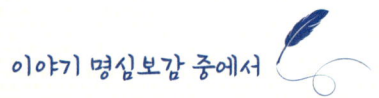

이야기 명심보감 중에서

우리 어머니증조할머니가 위급하시다는 소식을 들은 것은 2001년 12월 20일경, 할아버지가 미국 남부 앨라배마 주 버밍햄에 있었을 때다.

그 해 9.11 뉴욕 테러사건 이후 항공편이 어려워서 바로 들어올 수가 없었다. 2002년 1월 2일 경에야 겨우 집에 올 수 있었다.

귀국해서 찾아뵈니, 증조할머니는 오래 잡수시지 못해서 가까운 병원 간호사가 자주 집에 와서 링거 주사를 놓는 것으로 할아버지를 기다릴 수가 있으셨다.

"어머니, 제가 왔어요."
"난, 안 죽어…"
"어머니! 먼저, 어머니가 하늘나라에 가시면 나도 따라갈게요."
"……"

아무 말씀 없으셨다. 그리고 며칠 후에 돌아가셨다. 할아버지가 증조할머니를 위로하는 마음으로 했는데 증조할머니가 어떻게 알아들으셨을까?

생각해보니… '어서 돌아가세요'로 알아들을 수도 있겠다 싶다. 결국 불효의 말이 된 것 같다. '어떻게 하지? 힘들어 하시고 의식이 희미해져 가시는 어머니에게 변명할 수도 없고…' 우리 어머니 묘 앞에 설 때마다, 눈물을 흘리며 말한다.

"어머니, 죄송합니다."

우리 어머니는 성경을 잘 모르신다. 그러나 예수님 말씀은 다 믿으셨다. 언제나 '아멘'으로 받아들이셨다.
또 숨을 거두실 때도, 옆에서 며느리가 찬송을 부르고 갓난 아기가 잠드는 것같이 평안한 얼굴로 돌아가셨다. 나도 옆에서 어머니를 지켜봤다.
내가 이 세상을 떠나 천국에서 만날 때에도 어머니에게 말할 것이다.

"어머니, 죄송합니다."

물론, 천국에는 '죄송'이란 용어가 없겠지만…

하나님 마음대로 하세요

우리 아버지가 돌아가신 후, 아버지가 하늘나라에 계신다는 것을 나는 믿고 살아왔다. 그곳에서 나의 '백'back 이 되어 계신다는 생각만 해도 마음이 든든하다.

우리 아버지가 돌아가신 지 얼마 안 되어 꿈에 나타나셨다. 내가 아버지 묘 근처 산 위에서 아래로 내려오는데 아버지가 밤 주머니를 하나를 주셨다. 그 후 지금까지 내 꿈에 아버지는 오시지 않았다. 아버지가 돌아가시고 우리의 삶은 그 동네에서 제일 가난하게 되었다.

그때, 봄여름에는 어머니하고 개매기 어장에서 그들이 잡은 작은 생선을 받아다가 가지고 돌아다니면서 팔고… 겨울에는 야산 동네 고구마 농사하는 곳에 가서 고구마를 받아다가 삶아서 팔고… 엿도 받아다가 팔고…

할 수 있는 일은 다 해보았다. 아버지 안 계시는 삶이 남은 식구들에게 얼마나 큰 고생인가를 뼈저리게 알게 되었다.

그래서 너희가 한참 자랄 때, 할아버지의 마음의 기도는

"하나님, 제가 은퇴할 때까지 아이들이 대학을 끝낼 수 있을 것 같습니다. 그때까지 저와 우리 아이들을 지키게 해주세요."

개매기 혹은 갯막이, 개막이

갯벌에 말뚝을 일렬로 박고 그물을 쳐놓은 다음, 밀물 때 들어온 고기들이 썰물 때 수위가 낮아지면서 바다로 나가지 못하고 그물에 걸리면 잡는 전통적인 어업방식이다.

1996년 봄, 은퇴했다.

"하나님 은혜 감사합니다."

그런데, 생각이 달라졌다. 4년 후 2000년, 21세기인데 어떻게 세상이 전개될까 궁금해서,

"새로운 세기의 시작을 보고 싶습니다."

이 글을 정리할 때 내 나이를 세어보니, 어느덧 우리 나이로 93세! 21세기의 시작을 보고 싶다고 한 때로부터 21년이나 지나고 있다.

이제는, 하나님께 더 부탁할 염치가 없다.

"하나님, 마음대로 하세요!"

> 은퇴 이후
> 보람된 삶, 비전, 나의 생각

하나님이 주신 보너스 인생
젖과 꿀이 흐르는 땅
현실적 계기 Actual Entity 의 생김새

하나님이 주신 보너스 인생

나는 정년퇴임부터 지금까지의 삶을 하나님이 주신 보너스^{bonus} 인생이라 말한다. 왜냐하면 내가 젊었을 때 이렇게 기도했기 때문이다.

"우리 아이들이 대학 졸업도 하고, 결혼도 시켜야 하니
65세 정년까지만 살게 해주세요."

지금 내가 93세!
정년 이후로도 28년을 더 살게 해 주셨다. 앞으로 언제 하나님이 나를 부르실지 모르지만, 몇 년을 더 살아도 이것은 모두 하나님의 보너스 인생이다. 나도 하나님께 보답하는 마음으로 대가^{代價} 없이 봉사^{奉仕}해 왔다.

처음 봉사

처음 봉사는 우리과 졸업생이 미국 텍사스 주 댈러스 신학교로 유학가게 되어 유학 준비에 함께 했다.

논산 가는 길 주변에 기도원이 있다. 방을 하나 얻어 화이트헤드의 '과정과 실재'Process and Reality를 강독했다.

그 후, 유학 가서 공부하면서 나에게 이메일을 보냈는데 그때 강독이 많은 도움이 되었다고 했다.

학업을 마치고 그곳 한 교회에서 목회를 시작하여 지금은 본당에 더해서 교육관까지 사들여 영어권 청소년 기독교 교육을 위한 여러 가지 프로그램을 하고 있다.

H 목사는 최근에 인터넷 메시지에서 나를 이렇게 기억한다.

"목사님과 함께 했던 시간을 늘 소중하게 생각하며 가르침을 되새기곤 합니다."

'함께 했던' 것은 기도원 독해 시간을 말하고 '가르침'은 현실적 계기 actual occasion 를 의미한다. '삶과 설교는 언제나 새로운 현실적 계기를 만든다.'

감성 지도력 훈련 센터 Emotional Leadership Training Center

2000년대 초 우리 집법동 거실에서 1-2년 동안 매 월요일 저녁 S 목사, Sn 교수, M 목사, K 전도사 나와 함께 '과정과 실재'Process and Reality를 강독하게 되었다.

S 목사는 육군 소령이면서 육군 자운대 현직 군목실장이었고, Sn 교수는 영문학 교수 출신이었다. 우리의 강독은 새로운 학문적 호흡에 진지眞知했다.

그 결과 우리 그룹에서 두 가지 큰 일이 생겼다. 하나는 S 목사의 주도로 ELTC가 태동胎動 되었고, 다른 하나는 Sn 교수가 '셰익스피어 비극의 과정 사상적 연구'로 영문학 박사학위 논문을 썼다.

때마침, 노무현 대통령이 정부 각 기관에 혁신革新을 장려했다. 이에 자운대 사령관이 관심을 가지고 S 군목실장에 부탁하여 우리에게까지 이르러 그 혁신 프로그램에 참여케 됐다. S 목사는 자운대 상황을 잘 알고 있기 때문에, 그 목사님의 주도로 '감성적 지도력'의 내용으로 프로그램을 구성하였다. 물론, 그 프로그램의 핵심은 화이트헤드Whitehead의 '현실적 계기'이다. 그 '계기'에는 우리 마음과 같은 '감성' 면과 '합리' 면이 있다. 자운대의 구성원들은 주로 기술 교육을 위한 하사관들이다. 그 교육사관들에게 도움이 되는 현실적으로 어떤 계기를 만들어 주는 것이다.

그들의 '정서'가 마음의 감성 면에서 다스려지고, 그리고 그 '정서'는 합리 면에서 지성으로 표현되는 것을 기대한다. 이것이 우리 프로그램의 목표이다.

위의 두 면을 잘 정합한 사람이 다니엘 골만 Daniel Goleman 이다. 그는 '감성적 지성' Emotional Intelligence 이란 책을 1990년대 중반에 출간

다니엘 골만
Daniel Goleman
(1946~)

세계적인 심리학자이다. 그는 대표작인 'Emotional Intelligence'에서 처음으로 감성지수(EQ, emotional quotient)라는 개념을 만들어, "IQ보다 EQ가 중요하며, EQ는 학습을 통해 계발할 수 있다."고 주장하여 교육의 패러다임을 바꾸었다. 뉴욕타임스와 타임에 기고한 글로 풀리쳐상 후보에 오르고, 월스트리트저널에 '가장 영향력 있는 경영사상가'에 선정되었다.

이후 사회지능(SQ, social intelligence)과 에코지능(ecological intelligence)이라는 새로운 개념을 제시하고, 이에 대한 연구 끝에 'Focus'라는 신작을 발표하였다.

했다.

- 이 책 2장 – '감성적 지능의 본성'The Nature of Emotional Intelligence 에서 우리는 이 5가지 항목을 그룹 만남의 화제話題로 삼았다.
  ① 자기 의식意識 능력 Knowing one's emotion.
  ② 자기 자제自制 능력 Managing emotions.
  ③ 자기 동기動機 능력 Motivating oneself.
  ④ 타인과의 공감共感 능력 Recognizing emotions in others.
  ⑤ 사회적 기술技術 능력 Handling relationships.

- 5가지 항목에 따라

그룹의 구성원의 '만남'encountering 의 진행 과정은 '칼 로저스의 만남의 그룹'Carl Rogers on Encounter Groups, 2장 '그룹의 만남의 과정'The Process of the Encounter Group 이 활용되었다.

그가 말하는 '과정' 혹은 '체계적 진술'은 '단순'하고 '자연적'이다. 그는 말하기를

'나는 높은 수준의 추상적 이론을 시도하지도 않고,
무의식의 동기들의 심오한 해석이나
혹은 그룹의 집단 심리를 발전시키려는
어떤 시도도 하지 않는다.'

칼 로저스 Carl Rogers (1905-1987)

인본주의 상담의 창시자이다. 그는 처음으로 '인간중심(person-centered)' 이라는 용어와 환자(patient)라는 말 대신 내담자(來談者, client)라는 용어를 사용하였다. 전통적으로 정신과 의사가 환자에게 일방적으로 지시하는 대신, 내담자가 스스로 문제점을 찾게 하는 비지시적(非指示的) 상담을 창시하여 현대 카운슬링의 이론적 뼈대가 되었다. 내담자 자신이 본래 성장 욕구, 자기실현의 욕구를 가지고 있기 때문에 적절한 치료 환경이 주어지면 스스로 증세나 부작용에서 해방되어 치료할 수 있다고 보았다. 치료자의 태도도 중요한데, 치료자 자신의 자기일치, 환자에 대한 무조건적인 긍정적 관심, 경청과 공감적 이해가 필요하다고 했다.

후에 점차 개인 치료에서 집단치료에 관심을 갖고 1960년대 참만남의 집단운동(encounter group movement)을 활발히 전개하였다. 그의 집단 상담과 집단 심리치료 이론은 교육, 가족관계, 리더십이나 조직관리, 건강관리, 문화나 인종 간 활동, 국제관계 등에 폭넓게 적용되고 있다.

자운대 만남의 진행 과정

- 사령관은 전체 모임 앞에서 리더십의 개요를 설명한다.
- 우리는 분반하여, 우리 5사람은 그룹 '안내자'가 되어 하사관 10여 명 맡아서 만남의 그룹 분위기를 만든다.

그리고 5항목을 쉽게 설명하여, 자진自進 이야기를 유도하여 서로의 만남을 기대한다. 처음에는 우리가 기대했던 만큼의 좋은 효과를 보지 못했다. 우리 안내자의 미숙한 점도 있겠지만, 사실 우리의 1일 프로그램으로는 '그룹-만남'은 불가능하다.

'그룹-만남'이란 그룹 안에서 자기 경험을 있는 그대로 즉시적 표현하는 것을 말한다. 이런 만남은 쉽지 않다. 적어도 1주간, 혹은 2주간이 요구된다고 한다.

그럼에도 불구하고 우리 프로그램에서는 '우리 식'으로 '그룹-만남'을 시도했다. 우리 식이란 안내자가 주도적 역할로 이야기 항목을 설명하고 그룹 구성원이 자진해서 이야기하도록 유도한다. 1주 1회 1일 프로그램으로 진행이 되었고, 우리가 하는 일도 업그레이드되어 그런대로 의미가 있었다.

따라서 부대 분위기도 좋았다 하고 그 부대 사령관도 만족했다. 이렇게 2006년 전반기 간헐적으로 진행해서, 우리 프로그램을 잘 마쳤다. 사령관은 우리를 한국전력 대전지국에 소개해 주었다.

한국전력 대전지사의 그룹 • 만남의 과정

2006년 후반기 자운대 프로그램으로 진행하여 대전지사도 잘 끝냈다.

One KEPRI 프로그램

이 프로그램은 한국전력 연구소 Korea Electric Power Research Institute 연구원들이 '하나'One가 되는 프로그램이다.

연구소 소장이 제시한 과제다. 우리도 그동안 쌓아온 경험들을 토대로 1박 2일 프로그램으로 업그레이드 했다. 업그레이드 된 것은 두 가지가 있다.

① 전체 시작 모임에 단편 드라마 영상 1시간을 감상한다. 그때 우리가 시청한 드라마는 MBC '사랑한다 말하기'였다.

감상하는 사람에 따라 다르겠지만, 이 드라마를 통하여 우리가 의미하고자 하는 것이 있다. 당시 아빠들의 회사 생활의 실상實相에서 '이슈'issue를 찾고자 한다.

한 가정의 아빠, 그는 유명 회사 안에서 심한 경쟁 속에서 사장까지 올라왔다. 집에는 아내와 10대의 두 남매가 있고, 고향에 계신 아버지는 늘 마음이 허전하다고 느끼셨다.

한번은, 일부러 시간을 내어 그 시골로 내려가서 아버지를 '만나'고 싶었다.

기회를 만들어 아버지 앞에서

"아버지" 하고 입을 열었지만,

"사랑합니다."

'마음'까지는 있었으나 감히 말로 표현하지 못해 그냥 돌아왔다.

어느 날, 아버지가 갑자기 돌아가셨다. 고향에 돌아와 아버지 장례를 끝내고, 무덤 앞에서 무릎을 꿇고 그제서야,

"아버지 사랑합니다."

우리는 이 드라마를 통하여 진심眞心에서 사람을 만난다는 것은 쉬운 일이 아니고, 그리고 우리가 진심에서 동료들을 만나지 않고서, One KEPRI를 이룰 수 없다는 것을 느끼게 하기 위한 '메시지'message 이다.

② 다른 하나의 '메시지'message 가 있다.

이런 만남이, 몸의 만남이든지 혹은 마음의 만남이든지 간에, 일단 만남이라는 것은 자기를 보고 다른 사람도 보고, 자기 이야기를 하고 다른 사람이야기도 듣고, 그러다 보면 자연스럽게 터져 나오는 '자기-이야기'가 있다.

이 '이야기'가 바로 자기의 의식이고, 자제自制이고 동기이고 공감이고 사회성일 수 있다. 이것을 우리는 자기 리더십Leadership이라 하고, 그 리더십은 수련修鍊된다고 생각한다. 그러므로 이런 만남의 광장을 통하여

"자기 이야기를 만들어 보세요."

이것이 우리의 '메시지'이다. 그래서 우리는 1박 2일 동안 우리 네 사람은 그룹을 주도하는 '리더'가 아니라 그룹의 동참자로서 함께 '자기-이야기'를 만들게 하는 도우미helper로 임했다. 그리고 '자기-이야기'는 다음 설문에 체크하고 도표로 그려보게 하였다.

물론, 도표의 이야기들이 전체 회사의 통계로 좋게 나왔지만, 여기에 공개해서 발표할 수는 없다.

여기 '설문'과 '설문 결과의 도표'만을 예시例示한다. 누구나 예시된 설문과 도표를 활용하여 '자기-이야기'를 그려볼 수 있다. 이 설문은 우리가 만든 것이 아니고, 인터넷 서울대 상담연구소?에서 다운받

왔다. 이 예문에 도표를 그린 사람은 우리 팀의 K목사이다.

★ 내 이야기의 감성 지수 보기

- **Self-Awareness** : 나를 알고 상대를 아는 것으로 내 자신을 확신하는(self-confidence)내용

	내용	❶전혀 그렇지 않다	❷그렇지 않다	❸보통이다	❹그렇다	❺매우 그렇다
1	내 자신이 무엇을 느끼고 있는지, 항상 이해할 수 있다.					
2	자주 나 자신과의 대화를 하곤 한다.					
3	나의 마음의 감정 상태를 민감하게 파악한다.					
4	상대방의 제스처나 표정에서 상대방의 기분을 알 수 있다.					
5	나는 항상 상대방의 입장에서 생각하곤 한다.					
6	나는 상대방이 상처받지 않도록 조심한다.					

: _____ 점

- **Self-Regulation** : 내가 내 감정과 욕심을 조절함으로 내 자신을 신뢰할 만한 내용

	내용	❶전혀 그렇지 않다	❷그렇지 않다	❸보통이다	❹그렇다	❺매우 그렇다
1	주위 사람들이 나를 화나게 해도 잘 참는다.					
2	사람/업자가 뇌물을 주어도 거절한다.					
3	친구가 약속에 늦게 오면 화내기보다는 그럴 이유가 있다고 생각한다.					
4	나는 내 감정을 상황에 맞게 잘 조절한다.					
5	기분이 나쁘거나 화가 나도 냉정함을 유지할 수 있다.					
6	아쉽게 끝난 일에 얽매이지 않고 쉽게 잊을 수 있다.					

: _____ 점

• **Motivation** : 자신의 동기가 분명하고 이것을 다른 사람에도 잘 전달하는 강한 추진력

	내용	❶전혀 그렇지 않다	❷그렇지 않다	❸보통이다	❹그렇다	❺매우 그렇다
1	내가 노력한 만큼은 성취할 수 있다는 의지를 보인다.					
2	다른 사람이 나를 칭찬하든 비난하든 별로 개의치 않고 내 일만 열심히 한다.					
3	실패에 직면해도 포기하지 않고 비젼(vision)을 가진다.					
4	상대방이 왜 그런 행동을 했는지 그 동기를 이해할 수 있다.					
5	어색한 장소의 분위기를 적절하게 바꿀 수 있다.					
6	내가 제시한 의견에 사람들이 잘 따라온다.					

: _____ 점

• **Empathy** : 정(情)이 많아, 사람들의 관심을 끌고 마음의 공감대를 만드는 내용

	내용	❶전혀 그렇지 않다	❷그렇지 않다	❸보통이다	❹그렇다	❺매우 그렇다
1	도움이 필요로 한 사람을 보고 그냥 지나칠 수 없다.					
2	주위 사람들의 기분이 좋은지, 나쁜지 잘 파악해서 그들의 감정과 동일시 할 수 있다.					
3	다른 사람과 함께 웃고 함께 우는 편이다.					
4	다양한 배경을 가진 사람들과 마음을 나눈다.					
5	상대방(고객)에게 감동을 주기위해 마음의 여유를 가질 수 있다.					
6	상대방이 침울해할 때 격려해줄 수 있다.					

: _____ 점

• **Social- Skill** : 대인관계를 맺는 기술로 자신의 세계를 넓히는 내용

	내용	❶전혀 그렇지 않다	❷그렇지 않다	❸보통이다	❹그렇다	❺매우 그렇다
1	첫 인상이나 말투, 행동만으로 사람을 판단하는 것은 옳지 않다.					
2	상대방의 행동이 맘에 들지 않더라도 지적하지 않고 견딜 수 있다.					
3	다른 사람들과 어울리는 것을 좋아한다.					
4	관계에 문제가 생겨도 상대방의 기분을 배려하면서 문제를 해결할 수 있다.					
5	좋지 않은 상대방과도 능숙하게 좋은 관계로 회복할 수 있다.					
6	나의 주변에 다양한 부류의 사람들과 친하게 지낼 수 있다.					

: _____ 점

- **Self-Awareness** : _____ 점
- **Self-Regulation** : _____ 점
- **Motivation** : _____ 점
- **Empathy** : _____ 점
- **Social-Skill** : _____ 점

• **감성지수 평가 표준** :
　❶ 150~126 : 매우 만족
　❷ 125~101 : 만족
　❸ 100~76 : 보통
　❹ 75 이하 : 실망

삶, 비전, 나의 생각

★ 내 이야기의 공간 보기

종합 점수 5개의 선 중에 해당 되는 곳에 점을 찍고 선을 이으면 5각형이 된다. 이것이 그 사람의 감성 지수의 공간이다.

〈내 이야기의 공간 보기〉

내가 하나님의 '보너스 인생'이라 해 놓고도 우리가 대가^{代價}를 단 한 번 받은 일이 있다, 나만이 고백이다.

'물론, 하나님은 이미 다 알고 계시지요.
사회봉사 한다고 해놓고 대가^{代價}를 받았습니다.
용서하세요.'

KEPRI가 감성적 지도력 훈련ELT을 성공적으로 잘 끝냈다고 우리 4사람에게 300만원씩 보답을 했다. 나도 그냥 300만원 받은 것이지.

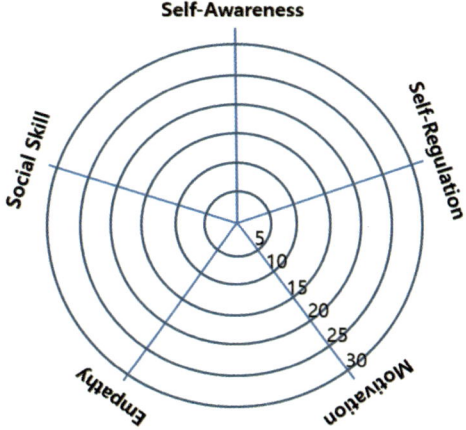

육군본부 시설단

대전에서 아주 멀리 떨어진 육군본부 시설 공단에까지 가서 One KEPRI 프로그램으로 '집단 만남'을 열었다. 물론 결과도 좋았다.

아쉽게도 이것으로 우리의 집단 만남을 끝을 맺게 되었다. 우리의 통치자가 바뀌면서 그런 것 같다.

K 목사님의 개척교회

1997년경, 침례교 신학교에서 내 강의 '기독교 사상사'를 수강한 K 전도사가 나를 좋아한다.
그 전도사가 한 말,

"내가 힘들어 공부를 그만두려 했는데, 교수님의 첫 강의를 들으면서 마음이 변하여, 등록을 하고 졸업하게 되었습니다."

교수 34년 동안 현직에 있을 때도 들어보지 못한 이야기다. 그 후 우리 '과정과 실재' 독해 모임에도 같이 하였고 우리 ELTC에 적극 참여해서 총무 일을 보았다.

목사 안수를 받기 전, 2004년 봄 자기 아파트 거실에서 개척교회를 시작하였다. 얼마 동안은 내가 설교했다.

그 해 여름 어느 날 노은동 동사무소 근처에 80여평 대지 위에 교회 건물 건축 시공 예배를 드렸다. 때마침, 소나기가 내려 비 맞고 설교한 기억이 난다.

교회 건축이 진행중에 있을 때, 우리 졸업생 O 군이 찾아왔다. 책에 수표 한 장을 끼워 가지고 왔다.

"교수님 덕분에 잘 졸업하고 좋은 회사에 취직해서 가정을 이루고 잘 살고 있습니다. 고맙습니다."

당시 우리 대학에서 등록금을 반半은 전납前納하고 반은 후납後納하는 제도가 있었는데, 내가 후납을 도왔단다. 이 학생은, 내가 교목실장일 때 의식이 뛰어난 학생으로 마음에 둔 학생이다.

O 군이 떠난 후에 수표를 보니 200만원이 숫자로 찍혀 있었다. 그 수표를 그 다음 주 우리 개척 교회 건축헌금으로 바쳤다.

P 목사님의 개척교회 영어 성경 공부

P 목사님은 세종시 한가운데에서 한 건물 2층에서 개척교회를 시작했다. P 목사님은 우리 ELTC 구성원이었다.

사모님은 그 근처 고등학교 영어 교사이어서 그 인연으로 원어민 영어교사와 다른 선생님들, 일반 직장인 10여 명이 영어성경 공부를 하고 있었다. 목사님은 본래 대학생 성경공부반 출신이다.

그들은 그 성경 공부에서 성령의 '집단역동'group dynamic을 기대하였다.

그런데 그게 일반 교인들에게는 잘 통할 리가 없지. 성경 공부하다가 헤매는 것을 느꼈다.

그래서 내가 성경 공부 과제를 만들게 되었고, 2016년 가을부터 2017년 겨울까지 거의 1년 동안 매주 수요일 저녁, 사도행전에서 시작해서 갈라디아서, 데살로니가 전서, 골로새서로 이어졌다.

성경 공부 과제는 매주 1장씩,
- 중요 제목을 정하고
- 그 제목을 따라 두서너 가지로 나누어

이야기를 위한 의문 문장을 만들었다.

(예시) 갈라디아서 1장 성경공부

1. **너희에게 은혜와 평강(1:3):**
   4가지 질문에 대해 자유롭게 말하기(1:1-5).
   ① 왜 바울은 사도의 권위가 교리나 베드로와 같은 사람에 있지 않고, 예수 그리스도에게 있다고 선언했습니까?
   ② 현재의 죄악과 죄가 만연한 이 세상과 이 세대에서 어떻게 주 예수 그리스도께서 여러분을 구원하셨습니까?
   ③ 현재 죄악된 세상에서 사람들을 구원하기 위해, 우리 그리스도인들이 무엇을 할 수 있습니까?
   ④ 갈라디아서 시대 당시 죄악된 시대와 현재의 죄악된 상황과 무슨 차이가 있습니까?

2. **그리스도의 복음을 왜곡한 사람들:**
   4가지 질문에 대해 자유롭게 말하기(1:6-10).
   ① 왜 바울은 놀라게 되었습니까? 1:6
   ② 몇몇 사람들이 갈라디아 교인들과 그리스도의 복음에 대해 무슨 짓을 했습니까? 1:7
   ③ 당신에게 그리스도의 복음을 왜곡하는 사람이 있습니까?
   ④ 어떤 사람이 당신에게 그리스도의 복음을 왜곡할 때, 당신은 그를 위해 어떻게 할 수 있습니까?

3. **나 바울은 그리스도로부터 계시로 복음을 받음: (1:12).**
   3가지 질문에 대해 자유롭게 말하기 (1:11-23).
   ① 왜 하나님께서 바울에게 그의 아들을 나타내 보이셨습니까? 1:16
   ② 왜 바울이 예루살렘에 올라가게 되었습니까? 1:18
   ③ 유대인들이 바울에 대해 어떤 소문을 들었습니까? 1:23

4. **갈라디아 서 주제에 관한 의문과 말하기:**
   ① 바울의 사도 권위 문제?
   ② 교회와 사도들을 박해한 바울의 문제?

갈라디아서 1장의 경우, 뒷 부분에 예시함 본문에 따라 4가지 과제를 제시하고 그 과제에 따라 의문 문장을 만들었다. 그 의문을 읽고 자유롭게 영어로 이야기를 나눈다. 이야기를 나누다 보면 신앙적으로 은혜로운 순간이 생긴다.

여기에 참여한 한 영어 선생님은 나를 보고 칭찬했다.

"교수님의 나이에서 그렇게 영어 잘하시는 분은 처음 봅니다."

내 할 일이 아직 남아 있다.

나는 '청소년 자기-조정 능력 훈련' 프로그램을 준비중에 있다. 프로그램 자료는 준비되었고, 동료 M 목사는 자기 교회를 그런 프로그램을 할 수 있도록 '리모델링'했다.
코로나 사태가 진정되면 시작할 것이다. 문제는 하나님이 허락하실지.

"하나님 그 프로그램을 해보고 싶습니다.
허락해 주시는 거죠?
하나님 마음대로 하세요."

젖과 꿀이 흐르는 땅
우리의 믿음

추장 셋째 아들의 비전(vision)

한 부족을 훌륭하게 이끌어 온 추장이 있었습니다. 하지만, 그의 용맹도 세월 앞에선 맥없이 사그라져 병을 얻고 말았습니다.

"이제 어떡하죠?"

부인은 걱정이었습니다. 늙은 추장은 자신의 운명을 예감한 듯, 그렇게 희망을 접은 채 날로 쇠약해져 갔습니다.
그래서 탄식하며 기도했습니다.

"앞으로 어찌해야 한다는 말인가…
지혜를 주소서, 지혜를…"

부족의 앞날에 대한 걱정은 병마보다 더 아프게 그의 가슴을 후벼 팠습니다.

용맹하고 지혜로운 후계자를 정하기 위해 몇 날 며칠 고민을 거듭하던 추장이 어느 날 아침, 세 아들을 불렀습니다.

"너희 중에서 누군가를 추장으로 세우려 하는데,…
마을에서 가장 높은 산꼭대기에 올라가 우리 부족을 위해 가장 필요한 그 무엇인가를 가져 오거라."

세 아들은 저마다 산으로 올라갔습니다. 날이 저물자 세 아들은 무언가를 하나씩 가지고 마을로 돌아왔습니다.
첫째 아들이 자랑스러운 표정으로

"아버지 치료에 도움이 될까 해서 귀한 산 약초를 구해왔습니다."

늙은 추장은 실망한 듯 고개를 저으며 둘째 아들을 쳐다보았습니다.

"저는 용감하게 온 산을 뒤져서 멧돼지를 잡아 왔습니다."
추장은 고개를 저었습니다.

"흐음, … 아니야, …"

그런데 셋째 아들의 손엔 아무것도 들려 있지 않았습니다.

"으응? 왜 너는 빈손으로 왔느냐?"

그 아들은 두 눈을 크게 뜨고 말했습니다.

"저는 이 두 눈에 모두 담아왔습니다."

아버지는 물었습니다.

"대체 무엇을 담아 왔단 말이냐?"

셋째 아들은 자신이 본 것들을 설명하기 시작했습니다.

"산 너머에 드넓은 옥토가 펼쳐져 있습니다. 그곳에 마을을 세우고 농사를 짓는다면 우리 부족 모두가 지금보다 훨씬 풍요로운 생활을 누릴 수 있을 것입니다."

아버지는 그 아들에게

"그래,… 네가 바로 진정한 후계자로다."

TV 동화, 행복한 세상 5권 중에서

아브라함의 '비전' (B.C. 1750년경)

하나님은 아브라함에게 '비전'을 보여주셨다.

> "너는, 네가 살고 있는 땅과, 네가 난 곳과, 너의 아버지의 집을 떠나서, 내가 보여 주는 땅가나안으로 가거라. 내가 너로 큰 민족이 되게 하고, 너에게 복을 주어서, 네가 크게 이름을 떨치게 하겠다. 너는 복의 근원이 될 것이다."

(창 12:1-2)

아브람은 주님께서 말씀하신 대로 길을 떠났다. 아브람이 하란을 떠날 때에, 나이는 일흔 다섯이었다.

아브람은 아내 사래와 조카 롯과 하란에서 모은 재산과 거기에서 얻은 사람들을 거느리고 길을 떠나서, 마침내 가나안 땅에 이르렀다. 주님께서 아브람에게 다시 나타나셔서 말씀하셨다.

> "내가 너의 자손에게 이 땅을 주겠다."

(창 12:7)

여호수아와 갈렙의 '비전' (B.C. 1250~1200년경)

이스라엘 백성들을 애굽 노예에서 해방시켜 가나안 남쪽 바란 광야 가데스까지 인도한 모세는 약속의 땅 가나안 쳐들어가기 전에, 12지파 대표들을 정탐꾼으로 보냈다.

그 땅에 사는 백성이 강한지, 그들이 사는 그 땅이 좋은지, 그들이 사는 마을들은 장막 촌인지, 요새화된 성읍인지…, 그들은 그 땅을 탐지하러 가지 40일 만에 돌아왔다. 그들은 곧바로 모세와 아론, 이스라엘 자손 온 회중에게로 갔다. 그리고 이렇게 보고했다.

> "그 곳은 정말 젖과 꿀이 흐르는 곳입니다. 이것이 바로 그 땅에서 난 과일입니다. 그렇지만 그 땅에 살고 있는 백성은 강하고, 성읍들은 견고한 요새처럼 되어 있고, …"
>
> (민 13:27-28)

그러나 정탐꾼들의 의견은 일치하지 못했다. 여호수아와 갈렙 이외의 다른 열명의 정탐꾼 의견은 백성들에게 불안을 주고 매우 선동적이었다.

온 회중이 소리 높여 아우성치고, 백성이 밤새도록 통곡하고, 온 이스라엘 자손이 모세와 아론은 물론 하나님까지 원망하고 불평했다.

"차라리 우리가 이집트 땅에서 죽었더라면 더 좋았을 것이다. 아니면 차라리 우리가 이 광야에서라도 죽었더라면 더 좋았을 것이다. 그런데 주님 Lord/하나님은 왜 우리를 이 땅으로 끌고 와서, 칼에 맞아 죽게 하는가? 왜 우리의 아내들과 자식들을 사로잡히게 하는가? 차라리 이집트로 돌아가는 것이 좋겠다!" (민 14:13-14)

이때 여호수아와 갈렙이 슬픔에 겨워 자신들의 옷을 찢으며, 이스라엘 자손 온 회중에게 말한다.

"우리가 탐지하려고 두루 다녀 본 그 땅은 매우 좋은 땅입니다. 주님께서 우리를 사랑하신다면, 그 땅으로 우리를 인도하실 것입니다. 젖과 꿀이 흐르는 그 땅을 우리에게 주실 것입니다." (민 14:7-8)

여호수아와 갈렙은 '젖과 꿀이 흐르는 그 땅'을 보았다. 위에서 나는 이것을 '비전'이라 했다.

할아버지의 '비전'

"예수 잘 믿어라."

이것은 우리 아버지가 나에게 보여주신 '비전'이다. 이 말씀은 이 세상을 넘어 하늘나라를 내다보시고 하신 말씀으로 믿어왔다. 그 말씀을 해주시려고 죽음까지 참으시고 나를 기다리셨다.
할머니는 우리 아버지의 이 이야기를 듣고 자랑스럽게 하는 말이 있다.

"당신 아버지가 우리 가문의 '믿음의 조상'이야."

믿음의 조상의 '비전'

우리에겐 이스라엘 백성들이 지금 차지하고 있는 가나안과 같은 곳은 이 세상 어디에도 없다. 그 땅은 우리와 무관하다.
그럼에도 불구하고 나는 젖과 꿀이 흐르는 땅을 우리의 '비전'에 있다고 말한다.

할아버지 할머니 세대에는 '비전'이란 말이 없었다. '비전'과 비

숱한 이상理想이란 말이 있기는 했지만, 그 '이상'이라는 말이 세상을 넘어 하늘나라를 바라볼 수 있는 의미는 주지 못한다.

나는 교회에서 모세가 이스라엘의 해방자로 배웠고, 모세 이야기는 나를 깨우쳤다. 우리가 일본 치하에 있다는 것을 의식했다. 이것을 안 일본은 우리 교회 청년을 시켜 교인들의 성경을 모두 거둬다가 교회 안에서 모세 이야기 부분은 붓으로 다 지우는 것을 봤다. 이런 일본의 억압에서 할아버지는 일본 국민학교를 다녔고, 일본과 미국의 전쟁 중에는 우리 집이 가난해서 자주 굶고 학교에 다녔다.

힘들게 중학교 고등학교에 가서 꿈을 펴고자 할 때, 6·25 전쟁으로 모든 것을 포기해야만 했다. 대학에 다닐 때 의식이 생기면서 한탄恨歎한 적이 있다. '우리가 가장 불행한 시대에 태어났구나!'

그러나 돌이켜 보면, 지금 우리 세대와 같은 행운도 없다. 할아버지의 경우, 내가 노력한 만큼 성과를 거둘 수 있었다.

너희들의 아빠 엄마의 경우, 좋은 환경에서 자랐다. 우리나라의 번영과 부모님들 덕택으로 배웠고, 가정을 이루어 너희들을 나서 기르고, 그리고 지금은 정년을 바라보고 있다.

손자, 손녀들아!

요즘 할아버지는 걱정이 크다.

너희 세대는 할아버지 세대와 아빠 엄마 세대와는 아주 다른 예측할 수 없는 세대로 빠르게 변하고 있다.

예컨대, 지금 코로나19 사태로 인하여 지구촌 어디에서나 재앙災殃을 맞고 있다. 또 지구의 온난화溫暖化로 세계 여기저기에서 폭염, 산불, 한 쪽에선 홍수, 다른 쪽에선 극심한 가뭄… 그리고 과학, 기술, 인공지능AI; artificial intelligence의 발달로 예측할 수 없는 사회로 너희를 내몰고 있다.

'우리의 비전'은 허상虛想이 될 수도 있다.

내겐 위의 한 부족을 이끈 추장의 '산'도 없고, 하나님이 이스라엘 백성들에게 약속한 '가나안 땅'도 없다. 내가 가지고 있는 것은 오직 '예수님의 이야기' 뿐이다.

예수님의 많은 이 이야기들 중에서 두 가지, 하나는 손자들에게, 다른 하나는 손녀들에게 남기고 싶다.

우리 손자 손녀들에게

손자들에게

가나안 북부 지방에 가이사랴 빌립보란 곳이 있다. 이곳은 헬몬산2,769m을 배경으로 산기슭 해발 약 345m 능선稜線에 위치한 아름다운 곳이다막 8:27. 이곳은 멀리 갈릴리 호수와 더 멀리 가나안 땅을 바라 볼 수 있는 곳이다.

이곳에는 원주민들이 섬기는 바알 신, 헬라 사람들이 섬기는 모든 것의 '판—신'Pan, 황제를 섬기는 황제신당들이 있었다.

예수님은 이런 곳으로 그의 제자들을 데리고 와서 천국 열쇠의 드라마 두 장면을 연출演出했다.

첫째 장면: 예수님은 제자들에게 물었다.

"사람들이 인자를 누구라고 하느냐?" (마 16:13)

제자들이 대답했다.

"세례침례 요한이라고 하는 사람들도 있고, 엘리야라고 하는 사람들도 있고, 예레미야나 예언자들 가운데에 한 분이라고 하는 사람들도 있습니다." (마 16:14)

둘째 장면: 예수께서 그들에게 다시 물었다.

"그러면 너희는 나를 누구라고 하느냐?" (마 16:15)

시몬 베드로가 대답했다.

"선생님은 살아 계신 하나님의 아들 그리스도십니다."
(마 16:16)

예수님은 그에게 말씀했다.

"시몬 바요나야, 너는 복이 있다. 너에게 이것을 알려 주신 분은, 사람이 아니라, 하늘에 계신 나의 아버지시다. 나도 너에게 말한다. 너는 베드로^{반석/磐石}이다. 나는 이 반석 위에다가 내 교회를 세우겠다. 죽음의 문들이 그것을 이기지 못할 것이다. 내가 너에게 하늘나라의 열쇠를 주겠다. 네가 무엇이든지 땅에서 매면 하늘에서도 매일 것이요, 땅에서 풀면 하늘에서도 풀릴 것이다." (마 16:16-19)

할아버지는 우리 손자들에게 '하늘나라의 열쇠'로 축복할 것이다. 이 열쇠는 이 세상에서 문제를 풀면 하늘나라가 열린다. 예수님을 '살아 계신 하나님의 아들, 그리스도'로 믿으면 된다.

여기에 할아버지의 믿음-체험을 더하여,

"사랑하는 손자들아
'하늘나라 열쇠'의 말씀으로 너희를 축복한다.
그리고 믿어야 비전이 보인다."

손녀들에게

예수님의 두 장면 이야기가 또 있다.

> **"예수님은 예루살렘 근처 길을 가다 한 마을에 들어가셨다."**
> (눅 10:38)

이 마을은 예루살렘 동쪽 약 3km 떨어진 감람산 기슭에 있다. 그곳에서 '마르다'라 하는 여자가 예수님을 집으로 모셨다. 그 집에는 '마리아' 동생도 있었다. 이 두 자매의 오라버니가 바로 '나사로'이고, 예수님은 그의 죽음에서 살리셨다. 또 마리아는 예수의 몸에 향유를 부은 일도 있다. 그래서 이 두 자매는 가족적으로 예수님과의 각별한 사이이다. 그녀의 집에서 일어난 두 장면이 있다.

첫째 장면: 마리아는 주님의 발 곁에 앉아서 말씀을 듣고 있

고,(눅 10:39) 마르다는 '여러 가지 접대하는 일'로 분주하다.

둘째 장면: 마르다는 예수님에게 와서 말한다.

"주님, 내 동생이 나 혼자 일하게 두는 것을 아무렇지 않게 생각하십니까? 가서 거들어 주라고 내 동생에게 말씀해 주십시오."(눅 10:40)

주님은 마르다에게 대답한다.

"마르다야, 마르다야, 너는 많은 일 many things 로 염려하며 들떠 troubled about 있다. 그러나 주님의 일은 많지 않거나 하나 one thing is needful 뿐이다. 마리아는 좋은 몫/일 good part 을 택하였다. 그러니 아무도 그것을 그에게서 빼앗지 못할 것이다."

(눅 10:41-42)

위의 인용문에는 많은 일 many things 과 하나 one thing is needful 의 일이 있다. 예수님은 많은 것 many 으로 접대하는 것보다는 하나 one 로 만족한다는 것이다.

많은 것은 물질적이라면, '하나'는 영적인 믿음으로 해석된다.

"사랑하는 손녀들아,

그 하나를 너희가 가질 때, 아무도 빼앗지 못할 것이라 한다.

이 하나로 너희를 축복한다."

할아버지의 축복

나 하나님의 종은 우리 모든 가족에게 축복합니다.

"이제는 주 예수 그리스도의 은혜와 하나님 아버지의 사랑과

성령의 인도하심이,

아브라함의 믿음의 이야기,

모세의 해방 이야기,

여호수아 갈렙의 이야기,

베드로의 믿음 이야기,

마르다와 마리아의 '한 가지' 이야기

우리 아버지의 믿음 이야기를

마음에 담고 살고자 하는 우리 열일곱 가족과

앞으로 더해지는 가족 위에,

이제로부터 영원히 있기를 축복합니다."

아멘!

현실적 계기 Actual Entity 의 생김새

한 노인의 계기

연세가 지긋한 노인이 값비싸 보이는 도자기를 들고 조심스럽게 길을 가고 있었습니다. 길을 지나가는 사람들도 그 도자기의 아름다움에 놀라 모두 감탄할 정도였습니다. 그런데 조심스럽게 길을 가던 노인이 그만 돌부리에 걸려 몸을 휘청거리다가 길바닥에 넘어졌습니다. 그 바람에 들고 있던 귀한 도자기가 땅에 떨어져 산산조각이 나고 말았습니다.

이를 본 사람들은 안타깝게 노인을 바라보았습니다. 그러나 노인은 담담한 표정으로 툭툭 털며 일어나 깨진 도자기 조각들을 조심히 치우더니 아무 일도 없었다는 듯 다시 길을 갔습니다.

이 모습을 본 한 젊은이가 노인에게 다가가 물었습니다.

"어르신, 제가 보기에 상당히 값나가는 도자기인 것 같은데 그 귀한 것을 깨뜨리고도 어찌 담담할 수 있습니까?"

그러자 노인은 허허 웃으며 젊은이에게 말했습니다.

"이미 깨진 도자기를 보고 후회한들 무슨 소용이 있겠소? 뒤늦게 후회하느니, 이를 교훈 삼아 앞을 잘 보고 조심하며 걸어가는 것이 더 낫지 않겠나."

후회 없는 일만 하며 살아갈 수는 없습니다. 다만 그 후회를 교훈으로 삼고 착실하게 앞을 보며 걸어가는 것이 중요합니다. 삶은 뒤를 보는 게 아니라 앞을 보며 달려가는 긴 여정이기 때문입니다.

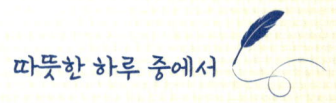

따뜻한 하루 중에서

앞의 노인의 이야기에는 두 가지 사건이 있다. 하나는 '이미 깨진 도자기' 사건이고, 다른 하나는 '앞을 잘 보고 조심하며 걸어가는 것'이다.

앞의 사건은 이미 경험한 사건이고, 뒤의 사건은 '걸어가는 것'을 끝낸 것도 포기한 것도 아니다. 그래서 '걸어가는' 중에 있는 것으로 이해하면 좋겠다.

그 노인의 이야기에서 내가 의미하고자 하는 것이 있다. 우리의 모든 경험은 즐겁고 혹은 고통스럽고 간에 버릴 것이 하나도 없다. 다 쓸모가 있다.

그런 경험들을 나는 계기契機/occasion들로 표현한다. 위의 노인의 경우, '이미 깨진 도자기'는 하나의 '계기'일 뿐이다. 그는 그 '계기'를 교훈삼아 '조심하며 걸어가는 것'이다.

- 그 '계기'를 '교훈'으로 삼을 때
- 노인의 마음엔 '의식'이 생긴다.

그러므로 위의 '교훈'은 노인의 마음의 물리 면에서 파악된 것이고, '의식'은 그의 동일 마음의 개념 면에서 파악된 것이다.

물리 면에서 파악된 '계기'가 개념 면에서 '의식'될 때 그 '계시'가 '현실적'인 것을 얻는다. 이것을 '현실적 계기'라 하자.

그러므로 그 노인의 '현실적 계기'의 마음은 이중二重의 마음으로 표현된다.

사도 바울의 '현실적 계기'

바울의 현실적 계기의 마음은 삼중三重으로 표현된다. 그가 빌립보 교회에 보낸 편지에서 나타난다. 빌립보라는 도시는 로마의 아우구스투스B.C. 30~4? 황제 때 군사 기지로 개발되었다.

   기록에 의하면, 바울의 선교 당시에 빌립보 사람들의 반이 로마 출신이고 소수의 유대 출신도 있었다.

   주후 50년경, 바울이 2차 전도여행 때 실라, 디모데, 누가를 데리고 여기에 와보니, 고급 자줏빛 옷 장사 루디아 집에서 교회가 있었다. 바울은 자발적으로 형성된 이 교회를 잘 유지되기를 바라는 마음에서 그 교회를 성심성의껏 보살폈다.

   그런데, 그리스도의 부활 믿음을 반대하는 사람들이 그 교회에 있었다. 그들은 잘 먹고 잘 사는 것, 배belly 부름과 육체적 쾌락快樂을 즐기는 수치shame를 영광으로 삼았다. 그들은 하늘나라를 생각하지 않고 땅의 것만을 생각한 것 같다.

   바울은 이것이 그 교회의 큰 위기라 생각하고 열정적으로 해결에 나섰다. 그의 신앙적 경험들 중에 최고의 항목들로 교인들을 하나님의 나라로 유인하고 싶었다.

> "형제자매 여러분, … 뒤에 있는 것은 잊어버리고, 앞에 있는 것을 향하여 몸을 내밀면서, 그리스도 예수 안에서, 하나님께서 위로부터 부르신 그 부르심의 상을 받으려고, 목표점을 바라보고 달려가고 있습니다. (빌 3:13-14)

바울 자신이 경험했던 확신으로 그는 빌립보 교회 교인들을 다음의 3가지 항목으로 유인誘引하고 싶었다.

첫째 항목, '뒤에 있는 것은 잊어버리는 것'

이 문구에는 2가지 뜻이 복합되어 있다. 하나는 '뒤에 있는 것'이다. 바울이 말하는 뒤에 있는 것이란 그의 경험 이야기들이다. 셀 수 없을 정도로 많은 경험들이 있을 것이다.

예컨대, 그가 AD 10년경에 길리기아 다소에서 출생하여, 예수님이 십자가에 죽으시고 부활하신 후, 30-34년 경 4년의 착오 예루살렘에 왔다. 여기에서 랍비Rabbi 교육을 받고, 자신이 랍비가 된 다음 기독교 교회가 유대교의 적이라 생각하고 박해했다.

34년에 대제사장의 추천을 받아 가지고 다메섹 성으로 피신한 기독교인을 색출索出하러 가다가, 그 성문 가까이 이르러 하늘에서 그리스도의 비전 vision을 만났다.

그 후 바울은 아나니아로부터 세례침례를 받고, 얼마 후 그의 동료들과 함께 세계 선교에 나섰다.

1차 아시아 선교여행 AD 46-49, 2차 마케도니아, 아가야 선교여행 50-53, 그리고 3차 마케도니아, 아가야 3차 선교여행 54-58을 하는 동안, 13편의 편지 바울의 선교기록/사도행전 포함해서를 썼다. 신약성서의 거의 3분의 2에 해당하는 양量이다. 이 모든 것은 다 바울의 업적으로 '뒤에 있는 것'들이다.

다른 하나는 '잊어버리다 forgetting'이다. '즉, 뒤에 있는 것'을 '잊어버리다'는 말이다. 그러나 위에 열거된 모든 업적이 바울의 '뒤에 있는 것'들인데, 이를 다 잊어버리겠다는 뜻은 아니다. 그가 쌓아올린 모든 업적이 그의 배경背景인 경험으로 있다는 말이다.

사실, '잊어버리다'의 희랍어 성경 원어原語는 '$\dot{\epsilon}\pi\iota\lambda\alpha\nu\theta\dot{\alpha}\nu o\mu\alpha\iota$'인데, 그 뜻은 과거 일이 기억에서 완전히 잊어버려지는 것이 아니라, 지금의 새로운 일에 자기의식을 일으키는 마음이라 한다. [종합주석에서 의역意譯]

이를 참조하여, 이해하기 쉽게 다른 말로 바꾸어 본다.

'내가^{바울이} 그리스도 예수님을 만난 일을 배경으로 새로운 일을 위하여 의식하고…'

둘째 항목, '앞에 있는 것을 향하여 몸을 내밀면서'
이것은 마치 경주자가 목표를 향하여 몸을 내밀고 달리는 것과 같다. 바울의 목표는 예수님의 십자가의 죽으심과 부활을 본받는 것이다. (빌 3:10)

문제는 바울이 이 목표를 얻은 것도 아니고, 목표에 다다른 것도 아니고, 그것을 붙들려고 좇아가고 있다.(빌 3:12) 그러므로 '목표'란 우리에게 열려 있는 것이다.

셋째 항목, '하나님께서 위로부터 부르신 그 부르심의 상賞'
'그 부르심의 상'은 하나님께로부터 오는 하나님의 나라의 상이다. 이 세상 상과 비교된다. 이 세상 상은 유한하지만, 하늘나라의 상은 무한하다.

특별히 그 상은 '그리스도 예수 안에서, 하나님께서 위로부터 부르신 그 부르심의 상'이라 한다.

여기에서 바울은 빌립보 교인들에게 육체적 향락享樂에서 벗어

나서, 하나님의 나라 상賞으로 그들을 유인誘引한다.

사실, 바울 자신도 이 상을 '받으려고' 끝까지 '목표점을 바라보고 달려가고' 있다.

이 말씀은 오늘 우리에게도 현실적現實的이다. 왜냐하면, 그 목표를 바라보고 달려가는 사람에게 '현실적'으로 '계기'가 일어날 수 있기 때문이다.

나는 이 '현실적 계기'를 하나의 경험으로 1, 2, 3차 파악으로 구분하여 해석할 것이다.

① **1차 파악:**
'바울이 예수 그리스도 예수를 만난 일'을 기억하는 것

그 현실적 계기는 우리의 마음과 같다고 했다. 그 마음의 물리 면에서 '예수 그리스도 예수를 만난 일'을 파악한다. 이 파악은 어떤 힘, 즉 작용의 힘을 가진다. 물리 면에서 이 작용의 힘은 다음 개념 면에서 이것을 '의식'으로 파악될 것이다.

② **2차 파악:**
바울이 그리스도 예수의 십자가의 죽으심과 부활을 본받는 일

이것이 그의 '목표'이다. 그 목표는 '앞에 있는 것을 향하여 몸을 내밀면서' 경주자처럼 달리는 것이다.

그 목표는 우리 마음의 개념 면에서 파악되는데, 이것은 허공에 뜬 한 '추상'이 아니라, 마음의 물리 면에서 파악된 계기를 현실화한다. 그러므로 1차 파악에서 얻은 '계기'의 '작용'과 2차 파악에서 얻은 '목표'는 하나로 정합되어 '현실적 계기'로 나타난다.

넷째 항목: '하나님께서 위로부터 부르심의 상'

이 '상'은 하늘의 하나님이 그의 마음의 개념 면에 파악한 것이다. 이것이 바울을 위한 그의 하나님 상인 것을 파악할 때, 바울은 땅에서 '위로부터 부르신 그 부르심의 상'을 파악하고 믿은 것이다. 그런 의미에서 바울은 우리가 이르지 못하는 하나님의 마음에 이르렀다. 이것이 우리에게는 하늘의 문을 여는 '본本, model'이 되었다. 즉 '그리스도 예수 안에서, 하나님께서 위로부터 부르신 그 부르심의 상을 받으려는' 확신確信이다.

그러므로 위의 3가지 항목들
- 바울이 그리스도 예수를 '만나는 일'
- 그를 '목표'로 하는 일
- 그리스도 예수 안에서 '상'을 받는 일이다.

이 3가지는 한 '현실적 계기' 안에 함축된다.

나의 '현실적 계기'

나에게도 '현실적 계기' 이야기가 있다. 70년대 초, 내가 콜롬비아 신학교에서 시카고 신학교로 학위 과정을 위하여 자리를 옮겼다. 내가 수강한 과목 중에 '화이트헤드'Whitehead란 과목이 있었다.

첫 시간

첫 시간에 그 교실에 들어가니, '슈뢰더'Schroeder 교수님이 화이트헤드의 걸작 '과정과 실재'Process and Reality를 강독하고 있었다.

그 교수의 강의는 읽고 해석하는 것인데, 마치 외계어로 된 글을 읽고 해석하는 느낌이 들었다. 수강생이 15명 정도였는데, 그들도 역시 낑낑거리고 해석하고 있었다. 내가 모르는 부분을 물어봐도, 자기들도 잘 모르겠다고. 그 강독은 '과정과 실재' 중 1부 '사변적 도식', 2부 '논의와 활용' 일부만을 끝내고 그 학기를 끝냈다.

겨우, 한 학기의 매력이 나를 평생 화이트헤드 공부에 매달리게 만들었다.

'분명히 무엇인가 있는 것 같은데…'

그 느낌이 나를 흥분케 한다. 그때부터 지금까지, 그의 철학 저

서들에 매달리고 있다.

　현직에 있을 때, 나는 강의 중에 우리 학생들에게 '섬팅'something 이라고 말하면서, 손가락을 튕기며 '딱' 소리를 냈다.

　"섬팅!"

　어떤 학생들은 나를 섬팅 선생님이라 불렀다.

화이트헤드
Alfred North
Whitehead,
1861-1947

20세기를 대표하는 영국의 철학자로 존 캅(John B. Cobb, 1925-) 같은 과정신학자에게 큰 영향을 주었다. 수리논리학(기호논리학)을 집대성하고, 러셀(Bertrand A. W. Russell)과 협력하여 '수학원리' 3권을 완성하였고, '보편대수학론'을 발표한 저명한 수학자이기도 하다. 대표작인 '과정과 실재' 외에도 '자연이라는 개념', '과학과 근대세계', '상징작용', '관념의 모험', '사상의 제 양태' 등 수학과 과학에서 시작해서 실재론적인 기초 위에 넓은 시야의 문명론을 전개한 빛나는 저술활동을 하였다.

물론, 그 '섬팅'이 '현실적 계기'를 의미하지 않았다. 이것은 학생들이 무엇인가를 느끼기 위한 나의 제스처Gesture 일 뿐이다.

그 제스처에는 '현실적인 어떤 계기'를 만들어 보고자 하는 내 마음의 움직임이 있었다. 그것이 그리 잘 이해되었는지, 어떤 학생들은 나를 평가해 주었다.

"교수님은 교수님 나름대로 강의 방법이 있어요."

일반적으로 철학자들은 '어떤 것이 있다'는 것을 '존재'being 라 한다. 그 '존재'와 유사한 화이트헤드의 '현실적 존재'actual entity 는 다른 면이 있다.

이것은 우리 마음의 이중二重 구조로 되어 있다.
- 먼저, 마음의 물리 면에서 과거의 경험들을 파악하고
- 다음에, 이것의 개념 면에서 파악한다.

이런 개념의 파악은 먼저 파악한 물리적 파악에 의존하지 않고 독립적으로 파악한다. 이런 이중의 파악이 완결될 때, 하나의 '현실적 계기'가 생성된다.

이런 '현실적 계기'는 '현실적 존재'와 같은 뜻을 가진다. 나는 '현실적 계기'를 주로 사용할 것이다. 왜냐하면 내가 표현하고자 하는 것들은 보다 더 '구체적'이기 때문이다.

과정과 실재 process and reality

화이트헤드가 1927-1928년 에딘버러 대학에서 시행한 기포드 강연을 바탕으로 1929년에 저술한 책으로, 부제가 '우주론에의 한 시론'이다.

모두 5부로 구성되어 있다. 제1부 '사변적 구도'에서는 유기체적 철학의 체계를 구성하는 여러 가지 카테고리가 제시되고, 제2부 '토론과 적용'에서는 과거 철학설과 대비된다. 제3부 '파악의 이론'에서는 현실적 존재 간의 상호작용을 말하고, 물심이원론을 극복한다. 제4부 '외연의 이론'에서는 과학적 여러 개념이 검토되고, 제5부 '최종적 해석'에서는 현실적 존재의 궁극적 설명으로서 '신'이 설정되고 있다.

순수하게 개별적으로 존재하는 것은 있을 수 없고, 모든 존재는 서로 연결되어 영향을 주고 받는다고 하여 자기 사상을 '유기체의 철학'이라고 명명하였다. 즉, 실체(substance)에 대응하는 요소로 현실적인 존재나 기회가 상호간 유기적으로 작용하는 동적인 과정을 가지는데, 이러한 관계를 우리들의 직접적인 경험으로 입증할 수 있다. 창조적 과정에서도 서로가 협력적 유기적 의존관계 속에서 완전을 향해 가는 과정적 상태에 있다고 하였다. 과정이란 시간 공간에 전개되어 있는 사건을 말하며, 그의 사상의 기초가 되는 개념이다.

매우 난해한 책이지만, 과학과 철학에 대한 깊은 사색의 결과, 과학을 배경으로 하는 통일적 형이상학 체계를 수립하려고 한 그의 사상이 집대성된 책이다.

할아버지는 미국 유학 시절 이 책을 소개받고, 운명처럼 평생 화이트헤드 연구에 매달리시게 되었다.

나의 현실적 계기

'획기적'으로 내 생각을 변화시킨 '계기'가 있다. 이 '계기'는 나에겐 언제나 '현실적'이다. 왜냐하면 현실적이란 언제나 그 계기가 재활가능하기 때문이다.

이런 '현실적 계기'를 우리 가족들에게 전하고 싶다.

"내 주 예수 그리스도!" (빌 3:8)

이 말씀은 사도 바울이 빌립보교회 교인들에게 하신 '말씀'이다. 그는 그의 편지 여러 곳에 동일한 '말씀'을 하였다. 하지만 쓰이는 곳의 문맥文脈에 따라 다르다.

여기에서는 바울이 내 주 예수 그리스도를 '아는 지식'이란 말을 했는데, 그가 '아는 것'은 그가 예수를 그리스도로 만났고, 그가 변화되어 사도가 된 사실을 잘 알고 있다는 말이다.

사실 나도, '주 예수 그리스도'를 경험한 사실을 '알고' 있다. 바울처럼 예수님의 음성을 직접 듣지 못했고, 강한 빛도 보지 못했다. 그러나 일방적으로 내가 고백한 '말씀'에 획기적 계기가 있었다. 거의 1개월 동안의 불면증不眠症으로 고통스러워 죽을 지경에, 고백의 순간 치유됐다.

지금부터 45년 전 '경험'은 '획기적'이어서, 이것의 '현실성'은 언제나 생동^{生動}한다. 힘들고 고통스러울 때마다, 나는 '주 예수 그리스도!'라고 '고백'한다. 이때, '새 힘'을 얻어 마음의 평안을 얻는다.

이 마음의 평안 구조는 먼저, 내가 '기억'^{記憶}하는 것이고, 다음에 의식^{意識}하는 '과정'에 있다.

예컨대, 내가 지금 '어떤 고통'을 당할 때, 과거의 '기적 경험'을 '기억'한다. 그리고 '주 예수 그리스도!'라고 '고백'할 때, 나는 현재의 내 '의식'을 인식^{認識}한다.

'기억'과 '의식'은 나의 마음의 양면에서 일어난다.
- 나의 마음의 물리 면에서 '기억'에서 '고백'함으로 파악되고
- 동일 마음의 개념 면에서 '영원한 개체'eternal object

즉 하나님의 사랑을 파악함으로 '의식'이 생긴다.

그러므로 위의 '기억'과 '의식'이 '현실화' 되어 하나의 '현실적 계기로 생성'becoming 될 때, 나의 현실적 계기의 세계는 그만큼 넓어진다. 이것을 우리는 다음과 같이 말할 수 있다.

"다수가 하나가 되고 그 하나에 의하여 다수가 증가된다."
'다수'가 내가 과거 경험한 모든 현실적 계기들이고 '하나'는 현

재 경험하는 하나의 '현실적 계기'라 할 때, 이런 하나가 생성되는 데는 다음과 같이 3가지 인과因果 단계를 가진다.
- 1단계: '객체화'의 작용
- 2단계: '주체화'의 목적
- 3단계: '자기 초월'

① '객체화'의 작용

나의 과거의 모든 경험은 현시적 직접성에 있는 한 현실적 계기의 생성을 위하여 '객체화' 된다. '객체화'란 모든 경험이 한 번에 객체화되는 것이 아니라, 필요에 따라 선택된 것만 객체화된다.

예컨대, 내가 '고통'에 있을 때 '주 예수 그리스도'를 기억하여 고백할 것이다. 이때, 그 '고백 경험'은 동일 현시적 직접성에 있는 그 계기主體에게 다음과 같은 어법語法으로 객체화된다.

'객체화'→ '주체'로의 형식이다.

우리가 일상생활에서 사용하는 '주체'→ '객체' 형식과는 다르다. 그러므로 '객체화'→ '주체' 형식의 '작용인作用因'은 다음 단계로의 동력이다.

② '주체'의 목적

동일 현시적 직접성에 있는 한 현실적 계기의 마음의 개념 면에서, '의식'은 어법에 따라 '주체성'subjective을 가진다.

이때, '주체'는 자기의식을 가지고, 자체 충족에로의 '주체적 지향'을 하는데, 이것이 '목적인'目的因, final cause이다.

예컨대 나의 경우, 1단계에서의 '공통'을 벗어나기 위하여 2단계에서는 하나님의 '사랑'을 갈망함으로 '목적인'을 가진다.

이 '목적인'에 의하여 나의 마음의 양면이 '고통'에서 '사랑'에로 합생合生 된다. 여기에서 성취된 사랑의 충족은 창조적 목적인 안에 한 요소로 있다.

③ '자기 초월'

a '객체화'의 작용인 1단계에서 파악된 현실적 계기 A와

b '주체'의 목적인 2단계에서 파악된 현실적 계기 B는 A와 B의 전前 후後 차원에 있다.

예컨대, '나'는 언제나 '나'에 있다. 그러나 과거 현실적 계기의 '나'와 지금의 현실적 계기의 '나'는 다른 차원에 있다.

현재 '나'는 새로운 계기의 합생 안에서 재개再開과정을 위하여 선행의 객체화의 '나'를 받아들여야 한다. 이것을 '자기 초월 주체'superjective 라 한다.

위의 3단계 과정을 통하여 생성된 한 현실적 계기 D는 나의 시

간 세계에서 시공의 한계 안에서 생성된 것이다. 그러므로 시공의 유한 한계에 있는 나의 세계는 이것과 대비되는 무한한 하나님의 세계가 필연적^{必然的}이라는 것이 전제되어 있다.

나는 이런 필연성을 즐긴다. 왜냐하면 나의 '시간 세계'와 하나님의 '무한한 세계'를 하나의 우주로 만들고 있기 때문이다.

하나님 아버지의 현실적 계기

하나님도 우리와 같은 마음을 가지셨다. 예수님의 '말씀'(눅 15:11-24)에 따르면, 방탕한 둘째 아들의 돌아옴에 관한 하나님 아버지의 마음이 3가지 '본성'nature으로 나타난다. 아버지는 그의 재산 반을 가지고 나가서, 허랑방탕^{虛浪放蕩}한 둘째 아들을 기다리고 있다. 여기, '기다림'을 어떤 주석에는 하나님의 '자발적 사랑'initiative love 이라 해석한다. 매일 돌아오기만을 기다리는 아버지의 '사랑'이다. 마침내, 그는 아들이 돌아오는 것을 알았다. 아들이 아직도 먼 거리에 있는 데, 그를 알아보고 달려갔다.

이런 '자발적 사랑'을 어법으로 말하자면, 그 '사랑'은 하나님이 우리에게 제공하는 '여건'datum/與件이다. 다시 말하여 이 '여건'은

'객체'客體로서 하나님의 사랑이고, 이것을 받아들이는 '우리'는 '주체'主體이다.

이런 '객체'→ '주체 형식은 하나님이 그의 마음의 개념 면에서 우리의 주체적 목표, 즉 '사랑의 갈망'을 하나님이 파악함把握, prehension 으로 그의 '시원적 본성'始原的 本性, primordial nature of God 으로 표현된다. 이것이 하나님의 '시원적 본성'이다.

하나님의 시원적 본성

하나님은 만물의 시원始原으로 무한하고 영원한 그의 세계 안에 있다. 그 무한한 하나님의 세계와 우리의 시간 세계는 무한無限과 유한有限이란 한계가 있다. 그럼에도 불구하고 그 한계를 넘을 수 있는 것이 있다. 왜냐하면 우리 마음의 개념 면과 신의 개념 면에서 서로 파악把握/prehension함으로 어떤 통합의 합생이 가능하기 때문이다. 그런 통합의 합생은 하나님의 주체적 목적subjective aim과 주체적 형식subjective form에 의하여 통합된다.

- 그의 주체적 목적은 하나님의 '사랑'을 갈망하는 '나'에게 부여할 것이고
- 하나님은 그의 사랑을 그의 물리 면에서 어떻게 파악할 것인지.

다시 말하여, 하나님이 시원한 '사랑'을 그의 물리 면에서 어떻게 맺을 것인지 결정하고, '사랑'으로 파악할 때, 그 사랑은 '하나님의 결과적 본성'consequent nature of God 으로 나타난다.

하나님의 결과적 본성

아버지는 종들에게 말하였다.

> "… 살진 송아지를 끌어내다가 잡아라. 우리가 먹고 즐기자.
> 나의 이 아들은 죽었다가 살아났고, 내가 잃었다가
> 되찾았다." (눅 15:23-24)

살진 송아지를 '잡아라'는 영어 성경에는 'to kill'이고, 희랍어 성경에는 '타우오'τόω 이다. 이 말의 뜻은 '희생 제물'로 '잡는다'to kill in sacrifice 는 것이다.

고대교회 교부들 중에 어떤 교부들은 그 잔치에 송아지를 잡은 것은 예수 그리스도의 '십자가 희생'을 상징한다고 했다.

그러므로 우리가 변화되어 아버지에게 돌아올 때, 우리 아버지는 '예수님의 십자가 잔치'를 열고, 우리는 그의 '피'를 마시고 '살'을 먹는다. 이런 잔치는 '나'에겐 개별적으로 큰 사건이었는데, 왜냐하면 하나의 '현실적 계기'가 실현되기 때문이다. 이것나의 현실적 계

⁷⁾을 하나님이 그의 세계 안에서 물리적 면에서 파악될 때, 그의 결과적 본성이 나타난다.

이때 해당 현실적 계기는 물론, 이전以前 모든 현실적 계기까지 그 결과적 본성 안에 함축含蓄되어, 하나님의 세계와 나의 시간 세계가 하나의 우주를 이룬다. 그리고 이 '우주'evolving universe는 동시적으로 진화한다. 다시 말하여 나의 현실적 계기가 생성될 때마다, 그 생성에 의하여 나의 우주는 그만큼 진화된다.

이러한 상호관계 때문에 이 세상 안에 우리의 '사랑'의 갈망은 천국 안에서는 하나님의 '사랑'으로 용납되어, 다시 이 세계에로 흘러넘친다. 왜냐하면, 천국은 오늘 우리와 함께 있기 때문이다.

이런 의미에서 하나님은 '위대한 동반자'companion 이 세계를 이해하는 '수난의 동반자'the fellow-sufferer 이다.

예수님도 우리에게 이렇게 기도하라 말씀하셨다.

> 그 나라 하나님의 나라를 오게 하여 주시며, 그 뜻을 하늘에서 이루심 같이, 땅에서도 이루어 주십시오. (마 6:10).

'그 뜻'이 영어로 'will'로 표현되었고, 희랍어 성경에는 'θέλημα'로 표현되었다. 이것은 하나님의 '의지' 표현으로 이해된다.

그의 의지 표현은 예수님의 탕자 '말씀'에서 표현된 그대로다.

- 방탕한 아들이 아버지에게 돌아오고
- 아버지는 송아지를 잡았다.

앞의 돌아옴은 우리의 회개를 기대하는 하나님의 마음이고 뒤의 송아지를 잡는 것은 성자를 십자가 대속代贖으로 내어주는 아버지의 아픈 마음이다. 그리고 예수님도 자신의 마음을 다음과 같이 표현한다.

**나는 마음이 온유하고 겸손하니,
내 멍에를 메고 나한테 배워라.
그리하면 너희는 마음에 쉼을 얻을 것이다.** (마 11:29).

온유하고 겸손하다는 말은 다른 사람을 섬기며 그들의 아픔에 동참한다는 것이다. 그리고 예수의 멍에는 우리가 서로 사랑해야 하는 멍에이다.

편집 후기

'할아버지 편지'를 책으로 엮으며
우리 가족 소개

'할아버지 편지'를 책으로 엮으며

제가 총각 때, 내 친구 중 한 명이 결혼을 했습니다. 집들이를 갔는데, 그 친구가 자랑하며 노트 두 권을 가지고 왔습니다. 그 노트엔 그 친구의 장인어른께서 자신의 생애를 적은 글들이 친필로 적혀 있었습니다. 일제 때 이북에서 태어나, 어떻게 신앙을 가지게 되었는지, 공산당을 피해 남한으로 온 얘기, 6·25 전쟁 이야기, 미국으로 이민 가서 고생한 이야기… 우리나라 굴곡진 현대사를 보는 것 같았습니다.

우리 장인의 생애도 그와 못지않다고 생각했습니다. 가난한 집에 태어나 신앙을 갖게 되고, 선교사들의 도움으로 공부하고, 유학 가고, 학도병으로 전투 중 총알에 맞고… 그래서 자손들을 위해 글을 한번 써보시면 어떻겠냐고 권해드린 적이 있습니다.

2008년 1월 31일. 큰 일이 있었습니다.[p.200 참조] 대전 갑천변 도로를 운전하시다가, 갑자기 사지를 움직일 수 없고 말도 한마디 할 수 없는 위급한 상황이 벌어졌습니다. 차는 천천히 앞으로 굴러가는데 전혀 움직이지 못하니까, 본인도 당황하셨겠지만 특히 옆에 타고 계신 장모님은 얼마나 놀라셨을까요? 차는 커브 길에서 천천히 중앙선을 넘었고, 마침 교통량이 많지 않았지만 맞은편 차들도 무언가 이상을 감지하고 피해갔지요. 그리고 반대편 벽에 천천히 충돌한 후 정지했습니다. 정말 아찔한 순간이었습니다.

병원에 근무하던 제게 급히 전화가 왔습니다. 우선 뇌출혈이나 뇌경색이라면 소위 골든타임을 놓치면 안 되겠기에, 가까운 대전 을지병원 의사에게 부탁을 해서 긴급한 상황인지 CT를 촬영하게 했습니다. 다행히 그런 응급상황은 아니라고 해서, 다시 인하대병원으로 후송하여 입원시켜 드렸습니다.

밝혀진 병명은 일과성 허혈발작 TIA, transient ischemic attack. 모래와 같이 작은 혈전들이 한꺼번에 발생하여 작은 뇌혈관을 막아 일시적으로 신경기능 이상을 초래하지만, 며칠 지나면 작은 혈전들이 녹아 대부분 정상으로 회복하는 병입니다.

　사지를 하나도 못 움직이고 한마디 말도 못하는 경험으로 장인어른은 큰 충격을 받으셨던 것 같습니다. 회복되시고 나서 바로 손주들에게 〈할아버지 편지〉라는 제목으로 일주일에 2-3편씩 왕성하게 e-mail을 통해 글을 올리셨습니다. 2008년 2월 8일. 첫 편지부터 2008년 7월 19일까지 50편이 넘는 편지를 쓰셨습니다. 그 이후부터는 아주 가끔 몇 편씩 추가하였죠. 어느덧 80여 편의 편지가 완성되었습니다.

　그리고 시간이 많이 지났습니다. 더 시간이 가기 전에 책으로 발간해야겠다고 말씀드렸습니다. 막상 책으로 만든다고 하니 글이 마음에 안 들어 다시 쓰게 되고, 많이 첨삭하고, 많은 부분 삭제하고… 그래서 또 시간이 많이 지났습니다. 급한 마음에 계속 숙제

재촉을 했는데도 받아들여 주시고 협조해 주신 장인어른께 감사드립니다.

거의 모든 글마다 많은 삽화를 손수 그려준 조카 가은이에게 미안하면서도 고마운 마음을 전합니다. 본문 내용을 이해하기 쉽게 잘 표현해주었고, 가족들의 특징을 잘 표현해서 역시 프로다웠습니다. 까다롭게 요구해도 다 이해하고 가족 구성원의 책임감으로 너무나 수고해주었습니다.

이 책을 통해 장인어른을 더욱 이해할 수 있었습니다. 어릴 때 자랐던 바닷가 마을도 가보고, 아버지부터 이어진 신앙의 뿌리가 된 대창교회도 가 보았습니다. 도와주신 선교사님들이 누구누구이신지, 또 그 분들이 한국을 위해 어떤 위대한 업적을 쌓아 오셨는지도 알게 되었습니다. 미국 앨라배마에 있을 때, 노스캐롤라이나에 다녀오신다는 말을 들었는데, 그곳이 한국선교사 은퇴 마을

인 하이포인트였다는 것도 알게 되었습니다. 진작 알았다면 저도 동행했을 텐데…

어찌 보면 지극히 개인적인 가정사로 볼 수 있지만, 어려웠던 우리나라 근대사, 선교 역사, 그리고 신앙고백서라고 말할 수 있습니다. 매 순간이 하나님께서 구름기둥과 불기둥으로 역사하신 기적이요, 역경을 헤치고 온 인간 승리의 이야기이기 때문입니다.

이번 책을 편집하며 장인어른을 도운 손길, 특히 수많은 선교사님들께 대신 감사의 인사를 드립니다. 단순하게 우리 장인어른을 도와 주셨다는 개인적인 감사도 있지만, 가난하고 무지한 낯선 땅에서 예수 그리스도 때문에 자신의 삶을 모두 바친 그분들의 생애를 뒤늦게나마 조금 알고 나니 저절로 고개 숙여집니다. 특히 린튼가家의 한국 사랑은 어떻게 표현해야 할지 모르겠습니다. 전염병 걸린 한국 아이들과 똑같이 키우다가 자녀들도 결핵에 걸리자, 평생 결핵 퇴치 사업에 헌신하고, 대대로 이어져 지금은 북한결핵퇴치 사업으로 지속하고 있습니다. 집안의 기둥이신 아버지가 교통사고로 돌아가셨는데, 이송과정에 문제가 있었다고 해서 앰뷸런스와 응급이송체계 확립에 지금까지 도움을 주시고 있습니다. 가장 사랑하는 자녀나 아버지가 죽었는데, 나라면 그렇게 할 수 있었을까? 곰곰이 많은 생각을 하게 하는 이야기였습니다.

이 책 발간을 위해 물심양면으로 후원해준 모든 형제들, 출판을 도와주신 플럼라인 문명관 사장님, 일파소 최홍규 부장님 그리고 책 디자인을 멋지게 해주신 권숙정 베로니카님께 감사의 마음을 전합니다.

2021. 11. 15. 둘째 사위

우리 가족 소개

할아버지 : **김은용** (전 한남대학교 기독교학과 교수, 교목실장)
할머니　 : **서순애**

첫째딸　 : **김선우**
첫째사위 : **홍길호** (국방과학 연구소 수석연구원)
손자　　 : **홍요섭**
손녀　　 : **홍가은**

둘째 딸　 : **김향우**
둘째 사위 : **전용훈** (인하대학교의과대학 소아청소년과 교수)
손자　　　: **전현수**
손자며느리: **김지혜**
손녀　　　: **전희수**

아들　　　: **김동환** (성림첨단산업 부사장, 희토류 자석 전문가)
며느리　　: **권혜선**
손녀　　　: **김희원**

셋째 딸　　: **김영우**
셋째 사위　: **임철현** (GS 파워, 포천복합화력발전소 소장)
손자　　　: **임정규**
손녀　　　: **임하경**

험한 시절을 살아보니
모든 순간이 은혜였다
ⓒ김은용

초판1쇄 인쇄 | 2022년 2월 10일
초판1쇄 발행 | 2022년 2월 19일

지은이 김은용
펴낸이 이동석
펴낸곳 일파소
디자인 권숙정
일러스트 홍가은(손녀)

출판등록 2013년 10월 7일 제2013-000294호
주소 서울특별시 영등포구 영등포로 231-1, 3층 (07250)
전화 02-6437-9114 (대표)
e-mail info@ilpasso.co.kr

ISBN 979-11-969473-6-1 (03810)

책값은 뒤표지에 있습니다.

파본은 구입하신 서점에서 교환해 드립니다.
이 책은 저자가 손주들에게 보낸 편지를 엮은 책으로, 일부 인용글이 있습니다.
차후에 저작권자가 확인되는대로 적법한 절차를 따르도록 하겠습니다.